DEMENZA E POTERE

Saggi e articoli politici

UMBERTO PETRONGARI

INDICE

PREMESSA INTRODUTTIVA   I

LENIN E STALIN   1

SOCIALISMO E POLITICA TRADIZIONALE   26

LA GIUSTA VIA   32

ELOGIO E CRITICA DI UN ASPETTO ESSENZIALE DEL   35
PENSIERO DI GRAMSCI

IL LENINISMO DI MAO   37

L'ANTI-DUMÉZIL   40

COMPLETAMENTO DI UN SAGGIO   45

LA SENSATEZZA DEL LIBERALISMO   50

L'ATTUALISMO GENTILIANO SECONDO EVOLA   52

L'UMANITÀ PER BAKUNIN: SENTIMENTO E GIOCO   54

PREMESSA INTRODUTTIVA

Se il raggiungimento di ogni tipo di potere è suscitato dalla volontà di potenza e se detto conseguimento non lo si può concepire separatamente da essa, allora – se nulla esiste, se la vita è sogno – dominio e volontà sono entrambi demenziali. Vale a dire che caratterizzano chi è fuori di sé.

Ma per noi comuni mortali la politica, che ha a che fare con il potere, è qualcosa da cui non possiamo prescindere.

Si tratta allora di stabilire quale sia il sistema politico per ognuno di noi più congeniale (il che viene a dipendere dal contesto in cui ci si trova a vivere e dalla nostra particolare condizione   socio-economica).

Non potendo dunque, in quanto 'troppo umani', prescindere dall'uso della ragionevolezza, se circoscriviamo l'ambito di ogni forma di governo ai soli socialismo reale, sistema americano, regimi non moderni (sebbene nel libro faccia talvolta riferimento anche ad ulteriori modi di fare politica), cercherò di stabilire quale tra di essi sia da preferire.

Nei saggi e negli articoli che seguiranno emergerà come le mie simpatie siano rivolte principalmente al comunismo (di tipo dunque marxista-leninista), secondariamente all'americanismo (in quanto di esso apprezzo diversi aspetti, alcuni dei quali, tuttavia, solo a livello teorico). Respingo invece radicalmente le politiche conservatrici (nella loro accezione più propria).

I

LENIN E STALIN

In questo saggio intendo far emergere l'essenza del leninismo, traendola tuttavia non tanto dalle formulazioni teoriche elaborate da Lenin nei suoi scritti, quanto piuttosto dal suo concreto operato politico. Stabiliremo successivamente se Stalin abbia o non abbia fatto propri, nella prassi, i principi politici fondamentali del leninismo – di un leninismo che, dunque, denominerei più 'pratico' che 'teorico'.

La Russia zarista restò un paese agricolo a stragrande maggioranza contadina, sebbene a partire dal regno di Alessandro II (nel 1855), con la successiva reggenza di Alessandro III (1881-1894), infine, con il regno del figlio di quest'ultimo, Nicola II, ebbe inizio un processo, dapprima di tenue democratizzazione, poi di moderata industrializzazione. Alessandro II fu il maggior riformatore fra i tre. Abolì la servitù della gleba, assegnando le terre comprate dalla nobiltà terriera (fra l'altro con il denaro dei contadini, cui lo stato fece prestito) ai *mir*, alle comunità di villaggio. La situazione mutò pressoché formalmente. Per il resto, principalmente, istituì gli *zemstva*, assemblee locali anche di rappresentanza contadina, dotate di soli poteri amministrativi.

Alessandro III ridusse notevolmente tali riforme (fu uno strenuo sostenitore dell'autocrazia zarista), sebbene fu soprattutto dalla fine dell'ottocento, e poi con Nicola II, che ebbe luogo il processo

1

d'industrializzazione del paese. Sebbene poi quest'ultimo non fosse un riformatore istituzionale, allo stesso modo del padre e predecessore, elargì delle caute concessioni civili, come, in primo luogo, un'assai lieve diminuzione dell'orario di lavoro per gli operai.

Le principali correnti politico-culturali della Russia dell'ottocento furono due: gli occidentalisti da un lato, gli slavofili dall'altro. I primi ammiravano Pietro il Grande, volevano emulare l'occidente sul piano dell'avanzamento economico e tecnologico, non sul piano politico (non volevano delle istituzioni parlamentari, sebbene influenzarono i successivi liberali russi).

Radicalmente contrapposti a costoro erano gli slavofili, corrente composta da varie anime (che giunse persino ad influenzare il populismo russo), il cui denominatore comune era l'antioccidentalizzazione della Russia, che doveva restare un paese contadino.

I populisti – i *narodniki* in russo – attivi a partire dai primissimi anni sessanta dell'ottocento, erano biforcati in un'anima anarchica ed utopica, e in un'anima attivista, intransigente e autoritaria.

Entrambi erano fautori della Russia contadina e contrari alla sua occidentalizzazione. I primi tuttavia ritenevano che i contadini avrebbero, in massa, spontaneamente dato luogo ad una rivoluzione anarchica che avrebbe creato un socialismo senza stato. Costoro si limitavano dunque a fare propaganda, ad influenzare culturalmente la classe degli agricoltori. I cosiddetti *giacobini russi* – i cui principali esponenti furono, dapprima personaggi come Černyševskij (autore di un libro scritto intorno al 1860 intitolato: *Che fare?*), poi, soprattutto nel corso degli anni settanta, attivisti come Nečaev – sostenevano la necessità di dar luogo da subito alla rivoluzione e di indirizzarla tramite una ristretta élite di rivoluzionari (che avrebbe dovuta attuarla), pronti ad usare le armi più dure e le strategie più machiavelliche, se necessarie al raggiungimento dei loro scopi. Dopo l'eventuale, vittoriosa, rivoluzione, dato il carattere elitario di tali tipi di populisti, lo stato non sarebbe venuto meno, ma avrebbe anzi imposto i propri dettami all'intera popolazione.

Un ex populista moderato, Plechanov, si convertirà al marxismo, fondando il partito socialdemocratico russo (si costituisce gradualmente – dapprima era frazionato in circoli che sorgevano autonomamente gli uni dagli altri – a partire pressappoco dalla data dell'omicidio da parte dei populisti radicali dello zar Alessandro II – il che costituì il raggiungimento dell'acme del terrorismo. Intorno al 1900 si tenne il primo congresso del Partito operaio socialdemocratico russo). Disilluso circa le possibilità rivoluzionarie dei contadini e avverso al terrorismo dei radicali, in modo marxianamente ortodosso sosteneva i liberali nella loro rivoluzione borghese, presupposto a suo parere necessario della successiva rivoluzione proletaria.

Intorno al 1900 in Russia vi erano invece tre principali fazioni politiche avverse all'autocrazia: i liberali, i socialrivoluzionari, i socialdemocratici.

Tra i liberali, pochi erano coloro che aspiravano ad una rivoluzione instauratrice di una repubblica.

La maggior parte di costoro aspirava alla creazione di una monarchia costituzionale a suffragio universale, ed erano fautori di riforme quali, ad esempio, l'istruzione elementare universale, o il federalismo. Agivano nell'illegalità.

I socialrivoluzionari erano gli eredi dei populisti. Appartennero alla II Internazionale, aspiravano alla futura creazione di una società socialista, ma nell'immediato aspiravano alla creazione di una repubblica laica e federalista, basata economicamente su cooperative di contadini e operai (il che avrebbe potuto produrre, agli occhi dei socialdemocratici, dei contadini capitalisti: per questo costoro erano a favore della più completa nazionalizzazione della proprietà). Ai contadini promettevano degli appezzamenti di terra senza riscatto.

Del partito socialdemocratico russo facevano parte personalità come Plechanov, Martov, Lenin e Trockij. Lenin fu molto influenzato dal populismo (un suo fratello maggiore fu impiccato per aver tentato di assassinare Alessandro III, avendo preso parte a un complotto ordito contro quest'ultimo). Nell'opuscolo (non a caso) intitolato *Che fare?* (scritto intorno al 1900), sosteneva che una ristretta cerchia di rivoluzionari doveva dirigere l'intera base del partito. Il dibattito fra i dirigenti era certamente ammesso ma, una volta stabilita una decisione, la base doveva obbedire in modo incondizionato.

Il temperamento autoritario di Lenin fu alla base della rottura con Martov (e anche con Plechanov), più democratico di Lenin, e della formazione della fazione minoritaria del partito, guidata da quest'ultimo (i 'bolscevichi', che significava tuttavia 'gli uomini della maggioranza'): la sua ala maggioritaria, i 'menscevichi' ('gli uomini della minoranza'), era capeggiata da Martov.

Nel 1904 scoppia la guerra russo-giapponese per il controllo della Corea e della Manciuria da parte delle due potenze in conflitto. I nipponici, impossessatisi della Corea, nel corso del 1904 assediarono Port Arthur (località manciuriana), che all'inizio del 1905 capitolò. Tale episodio segnò praticamente la vittoria del Giappone, che avvenne in quello stesso anno.

Già con lo scoppio della guerra i liberali reclamarono un governo rappresentativo e, con la caduta di Port Arthur, scoppiarono in tutta la Russia manifestazioni, moti rivoluzionari e scioperi.

Il primo di questi episodi (la 'domenica di sangue') si verificò a San Pietroburgo il 9 gennaio del 1905 (il calendario zarista anticipava di tredici giorni quello occidentale. Fu in uso fino alla riforma del gennaio del 1918).

Un pope organizzò una grande manifestazione, tenutasi presso il palazzo d'Inverno (residenza dello zar e luogo delle sue decisioni governative), con lo scopo di ottenere la convocazione di un'assemblea costituente. I soldati fecero fuoco sui manifestanti. Ciò determinò lo scoppio dei moti rivoluzionari (in tale contesto è da collocare l'ammutinamento dell'equipaggio della corazzata Potëmkin a Odessa).

In seguito a tali episodi, lo zar si limitò a istituire un'assemblea meramente consultiva che non accontentò nessuno. I moti proseguirono. In tale contesto sorse il *soviet* (consiglio) di San Pietroburgo dei delegati degli operai (Trockij ne fu il vicepresidente). Il suo primo atto fu quello di chiedere la riduzione della giornata lavorativa a otto ore.

Per scongiurare la rivoluzione lo zar proclamò il Manifesto di ottobre, firmato dal conte Vitte, nominato da costui primo ministro (era stato precedentemente ministro delle finanze, ed anche con Alessandro III. Fu forse il principale fautore dell'industrializzazione del paese).

Il manifesto prevedeva l'istituzione di un'assemblea elettiva (la Duma), che avrebbe avuto lo scopo di approvare le leggi emanate dal governo. In più venne concessa un'amnistia.

Sebbene i liberali non fossero estremamente soddisfatti di tale costituzione concessa dall'alto, se ne accontentarono. In più, il soviet di San Pietroburgo perse d'importanza. Per i contadini venne abolita la tassa di riscatto sulle loro terre. Terminata la guerra contro il Giappone, Vitte potette con sicurezza smantellare il suddetto soviet e arrestarne i capi.

Il fallimento della rivoluzione del 1905 fu determinata dal fatto che il governo non aveva perso il controllo delle forze armate (l'episodio della Potëmkin, ed altri episodi simili, furono casi isolati). I liberali, nonostante le violenze subite, si accontentarono della costituzione zarista. Soprattutto i contadini costituivano un pericolo per la monarchia zarista, ma erano disorganizzati. Gli esponenti del partito socialdemocratico, che erano rimasti lontani dalla madrepatria per – pressoché – tutta la durata dei moti (tornarono in Russia grazie all'amnistia), erano più occupati dalle loro controversie interne che dalla rivoluzione. Lenin non aveva ancora grande potere e non vide di buon'occhio il soviet per via delle diverse anime di sinistra che lo componevano, per il fatto di essere l'emanazione di una base indisciplinata, priva di controllo.

Nel 1906, tuttavia, lo zar ridusse i poteri della Duma, tanto da renderlo un organo meramente consultivo. Nonostante ciò nello stesso anno si tennero le elezioni per la Duma (che, in un sistema bicamerale, costituiva la 'Camera bassa', eletta a suffragio universale. La sua sede era il palazzo di Tauride di San Pietroburgo). La stragrande maggioranza era composta dai 'cadetti' (i liberali); in minoranza era la destra degli 'ottobristi' (favorevoli al 'Manifesto'). Una minoranza più ampia era costituita da laburisti, al cui interno vi furono anche pochi menscevichi e pochi socialrivoluzionari. Questi ultimi, per lo più, decisero di non prendere parte alle elezioni, assieme ai bolscevichi.

A partire dallo stesso anno della sua fondazione, e negli anni successivi, la Duma fu più volte sciolta e poi ricostituita. A ciò si accompagnarono violenti episodi di repressione politica da parte del governo. Non mancarono tuttavia delle buone riforme concesse dall'alto (principalmente, un programma di assistenza sanitaria, un programma per la realizzazione dell'istruzione obbligatoria, l'espansione dell'istruzione secondaria e superiore). Più agevole divenne per i contadini dei mir acquistare delle terre (ciò determinò l'incremento della classe dei *kulaki* – dei fattori, degli agricoltori agiati).

Vediamo ora di trarre l'essenziale dagli episodi descritti fino ad ora. Tipico dei poteri forti è la rinuncia 'al meno possibile' per scongiurare la loro fine. E con il sistematico ricorso ad una violenza brutale per mantenere l'ordine governativo, non fanno che peggiorare le cose. Se, nello specifico, alcune riforme zariste furono vere riforme (e non formali), il fatto che non furono sufficienti a scongiurare la successiva rivoluzione bolscevica, le rende pressoché inutili (è il popolo che deve accontentarsene!). Una pericolosa manovra politica fu invece rappresentata (Lenin se ne rese conto) da ciò che determinò la crescita dei kulaki. L'eventuale formazione di una classe media maggioritaria di contadini, avrebbe reso impossibile lo scoppio della rivoluzione (nel contesto prevalentemente agricolo della Russia zarista).

Ma veniamo al dibattito politico-intellettuale interno al partito socialdemocratico. Se i menscevichi erano per l'attesa di una preliminare rivoluzione borghese, sia Lenin che Trockij erano convinti che il solo proletariato in ascesa poteva incrementare l'industrializzazione del paese. Per il secondo, tuttavia, ciò era possibile solo a patto di uno scoppio di rivoluzioni concomitanti in tutta Europa. Inoltre non vedeva di buon'occhio l'idea di partito disciplinato propugnata da Lenin (ciò nonostante, come vedremo, sarà un suo validissimo e fedele collaboratore).

Nel 1912 (anno, fra l'altro, di nascita della Pravda, il giornale bolscevico), la rottura tra i bolscevichi e i menscevichi fu pressoché definitiva. Questi ultimi decisero di uscire dalla clandestinità e di collaborare soprattutto con i sindacati (legalizzati nel 1906). Erano inoltre contrari alle rapine in banca con cui i loro antagonisti interni si finanziavano. Insomma, l'ulteriore istituzionalizzazione dei menscevichi, non era vista affatto di buon'occhio da Lenin.

Iniziamo a delineare, dunque, l'essenza del leninismo, sulla base di tutto quanto si è esposto fino ad ora.

Dai populisti Lenin trasse anche, probabilmente, la sua vicinanza alla classe contadina, o comunque il fatto di scorgere in essa del potenziale rivoluzionario comunista. Credo tuttavia che l'intento principale di Lenin fosse (soprattutto in virtù della sua spinta politicamente attivista), quello di individuare, in ogni contesto socio-politico-economico, le condizioni favorevoli ad un mutamento politico effettivo (e – è proprio del leninismo – se una linea politica non serve a nulla, non producendo effetti di vero cambiamento, è inutile seguirla). Credo che Lenin, in condizioni diverse rispetto a quelle della Russia zarista, calato magari in un contesto di avanzata, odierna, democrazia occidentale, sarebbe stato quantomeno costretto a partecipare alla vita parlamentare, a fare machiavellicamente in modo di trarre in essa il massimo consenso (sempre badando ad una compattezza di fondo – magari non di superficie – del partito di cui sarebbe stato al comando). E dal momento che la vittoria di una vera sinistra, credo provochi sistematicamente la ritorsione dei poteri elettoralmente sconfitti, non sarebbe, nell'ipotetica eventualità anzidetta, scongiurabile una rivoluzione (non venendo meno ciò senza cui non si può più, a mio parere, parlare di 'marxismo' – ortodosso o eterodosso che sia).

Lo storico Anthony Wood fa notare come, né i bolscevichi e né (credo) tantomeno i menscevichi (ma ciò vale per ogni marxismo storicamente realizzato), abbiano colto adeguatamente le – del resto difficili da comprendere – intenzioni di Karl Marx, che ha elaborato un pensiero erudito, culturalmente raffinato (non alla portata di tutti). Inoltre, al di là dei proclama di facciata (come il progetto leninista del raggiungimento della piena abolizione della proprietà privata, della piena statalizzazione – mai storicamente raggiunta, neanche con Stalin), anche quanto del marxismo è maggiormente comprensibile, non è, in fondo, mai stato perseguito da nessun politico comunista. Mi limito tuttavia ad accennare (per concludere), come la maggiore rozzezza e semplicità dei comunismi storici rispetto al pensiero di Marx, non costituisca una carenza.

Nel 1914 la Russia fu a fianco dell'Intesa (di Francia e Inghilterra), contro gli imperi centrali di Germania e Austria. Sulle prime i russi furono animati da fervore patriottico (cambiarono ad esempio il nome germanizzato di San Pietroburgo in Pietrogrado). Prima dello scoppio della rivoluzione di febbraio del 1917, il cattivo andamento della guerra si accompagnò a gravi crisi sia economiche che politiche.

A partire dagli inizi del 1917 si verificarono quasi ininterrottamente a Pietrogrado, fino alla fine di febbraio, scioperi e manifestazioni non orchestrati da nessuno, i cui partecipanti furono soprattutto moltitudini di operai della città. L'acme lo si raggiunse sul finire del mese, quando i soldati che dovevano reprimere i manifestanti, disgustati dalla guerra che stavano combattendo, si unirono a loro, addirittura armandoli.

Gli effetti politici della rivoluzione di febbraio si concretizzarono i primissimi di marzo con l'abdicazione di Nicola Romanov in favore del fratello, il granduca Michele, e con la creazione di un nuovo governo guidato dal principe L'vov quale primo ministro. Si era politicamente prodotto in Russia qualcosa che non era una monarchia costituzionale e che non era una repubblica. Inoltre era un governo provvisorio, in attesa della convocazione di un'assemblea costituente.

Il governo era composto di ottobristi e cadetti. Fece una serie di proclama, quali un'amnistia per i reati politici e religiosi, l'attuazione di piene libertà democratiche, la confisca delle terre demaniali alla corona. L'autorità passò dalle mani dei governatori zaristi agli zemstva.

Si decise di proseguire la guerra per mantenere la vicinanza con le potenze dell'Intesa, al fine di ottenere da esse riconoscimento (avevano assistito ai fatti di febbraio, e guardavano a ciò che si era politicamente creato, in modo contrastante). Tutte le riforme furono – credo anche per questo – rinviate a quando si sarebbe formata un'assemblea costituente. Inoltre, per i tanti soldati contadini che erano al fronte, la riforma agraria, per non penalizzarli, fu a maggior ragione posticipata.

Intanto il soviet di Pietrogrado si era notevolmente rafforzato e in tutta la Russia erano sorti nuovi soviet. Ad essi aderivano operai e soldati (avevano fatto leva su costoro), non i contadini, che erano rimasti legati ai socialrivoluzionari di Černov (allora, la forza di sinistra più imponente).

I soviet erano, inoltre, ancora degli organismi composti, eterogenei, non irreggimentati. I menscevichi vi avevano un ruolo di primo piano, tanto che il capo di quello di Pietrogrado era un menscevico: il vicecapo era, addirittura, il laburista Kerenskij, concomitantemente ministro della giustizia nel governo legato alla Duma. L'anzidetto soviet decise dunque di collaborare con il governo e acconsentì alla prosecuzione della guerra. Anche i bolscevichi accettarono inizialmente di seguire tali direttive, sebbene la loro cooperazione fosse limitata. Lenin, che era in Svizzera (non aveva preso parte ai moti di febbraio), fu del tutto contrario alla linea seguita dalla sua corrente. Presto tornò a Pietrogrado: le autorità tedesche gli permisero di transitare per la Germania. A questo punto è necessario parlare dei rapporti tra Lenin e i tedeschi. È, a mio parere, per via di un'astuta strategia politica che decise di farsi finanziare dai tedeschi. Lo scopo di questi ultimi era destabilizzare la Russia, in modo tale da vincere il conflitto e privare la Russia di territorio. In modo umanamente poco oculato, non pensarono agli eventuali effetti che i loro finanziamenti avrebbero potuto determinare. Ragionando sull'immediato non vi badarono (non pensarono a lungo termine).

Lenin fu in Russia i primissimi di aprile, giorni in cui, sulla Pravda, pubblicò le sue *Tesi di aprile*, in cui principalmente dichiarava che i bolscevichi avrebbero dovuto farla finita di collaborare col governo e che l'obbiettivo non era quello di istituire una repubblica parlamentare, ma una repubblica dei soviet. Sebbene i bolscevichi lo seguirono nettamente (avendo fatto leva su di essi, con il suo discorso), ora si erano del tutto isolati ed erano numericamente minoritari.

Quando venne dichiarato che la Russia ambiva ancora a scopi annessionistici, scoppiarono dei violenti tumulti a Pietrogrado, che posero fine al primo governo provvisorio. La sinistra non bolscevica ebbe allora l'occasione di vedere aumentato il suo peso politico. Si formò un nuovo governo (di coalizione), sempre guidato da L'vov, ma con diversi ministri appartenenti alla sinistra, tra cui Černov all'agricoltura e Kerenskij alla guerra. Tuttavia, tale nuovo governo combinò ben poco, anche perché, per lo più, seguirono senza discutere tutti i dettami dei ministri della Duma, in primo luogo accettando la prosecuzione della guerra, in secondo luogo rinviando continuamente la convocazione di un'assemblea costituente. La riforma agraria propugnata da Černov fu ostacolata dai cadetti. Le sinistre perdevano in tal modo consenso e Lenin si rafforzava. Nuovi soviet sorgevano e i sindacati si ampliavano. Il loro malcontento accrebbe di gran lunga il numero dei bolscevichi, che ricevettero nuovi e ingenti finanziamenti da parte della Germania. Il clima era incandescente. Nelle campagne si era determinata una situazione di anarchia: i contadini espropriavano i proprietari delle loro terre. Infine Lenin aveva istituito le Guardie rosse, degli operai armati.

Intanto anche le sinistre iniziavano a lamentarsi. Martov si oppose alla guerra e alla coalizione, ponendosi all'estrema sinistra della sua fazione.

Parte dei socialrivoluzionari assunsero le medesime posizioni, allorquando Kerenskij decise di lanciare una nuova offensiva. Tutto ciò non convinse Lenin ad allearsi con i dissidenti. Sostenne apertamente gli espropri terrieri in un congresso dei soviet dei contadini.

Ciò di cui i bolscevichi ancora difettavano, era della legale rappresentanza politica: nei soviet erano minoritari (sebbene in crescita), rispetto ai menscevichi e ai socialrivoluzionari.

Il fallimento dell'offensiva preparata da Kerenskij fece scoppiare delle sommosse. Costui approfittò di tali episodi per mettere al bando i bolscevichi, accusati, fra l'altro, di essere traditori della patria assoldati dai tedeschi. Lo potette fare, in quanto fu a capo del secondo governo di coalizione (L'vov si dimise). Riuscì a reprimere le sommosse, consolidando – ma solo momentaneamente – il proprio potere.

Deciso a continuare la guerra, aveva nominato il generale Kornilov come capo dell'esercito. Aveva inasprito le condizioni al fronte, avendo ristabilito la pena di morte, avendo imposto la limitazione degli approvvigionamenti e la dura repressione dei soldati sovversivi. Per questo le sinistre non lo vedevano di buon'occhio. Quando Kornilov decise di attuare un colpo di stato di destra, Kerenskij dovette appellarsi alle sinistre e agli stessi bolscevichi per poterlo fronteggiare. Kornilov fu sconfitto con facilità. I primi di ottobre Kerenskij formò un nuovo, assai precario, governo provvisorio, inviso sia alle destre (i cadetti avevano appoggiato il generale eversivo), che alle sinistre.

Pochi giorni dopo la formazione di esso, i primi di ottobre, Lenin, dalla Finlandia, era deciso a tornare segretamente in Russia per incoraggiare lo scoppio della rivoluzione. Nel quartier generale bolscevico di Pietrogrado riuscì a convincere dieci dei dodici membri del comitato centrale (tra cui anche Trockij – riuscì infine a persuaderlo, anche se mantenne delle perplessità) sul da farsi. Il momento era in effetti assai propizio: il consenso per i bolscevichi era ai massimi storici e il vuoto politico che si era prodotto era profondo. Bisognava sfruttarlo prima che svanisse e Lenin seppe coraggiosamente e astutamente sfruttarlo. Era poi convinto che l'eventuale vittoria rivoluzionaria avrebbe scatenato rivoluzioni in tutta Europa. La Russia rivoluzionaria si sarebbe, in conseguenza degli eventuali successi europei, agevolmente mantenuta in vita. Dopo che ebbe dunque convinto il direttivo ad attuare i propri intenti, tornò ad essere latitante in Finlandia.

Verso la fine di ottobre ebbero luogo i preparativi della rivoluzione. La guarnigione di Pietrogrado si pose sotto il comando del comitato centrale bolscevico. Distribuì migliaia e migliaia di fucili alle Guardie rosse. Kerenskij consultò il pre-parlamento con l'intento di portarlo dalla sua parte, ma i menscevichi e i laburisti appoggiarono la mozione di Martov relativa all'immediata richiesta di negoziati di pace e alla repentina attuazione di una radicale riforma agraria. Era l'unico modo per scongiurare la presa del potere da parte dei bolscevichi (i fautori della mozione erano, a mio avviso, gente la quale, quando c'è da ottenere il massimo, si astengono dall'ottenerlo – e non si sa per quale ragione, per quali timori. Forse l'unico chiaro timore che caratterizzò, nella fattispecie, le due suddette fazioni nell'appoggiare la mozione, fu quello di venire spazzati politicamente via). Quello stesso giorno ebbe inizio la rivoluzione (Lenin tornò in Russia che era già scoppiata). Le Guardie rosse e i soldati presero possesso dei posti chiave della capitale, come la sede della banca nazionale e il palazzo di Tauride. L'esecutivo si era rifugiato nel palazzo d'Inverno, Kerenskij era fuggito da Pietrogrado per richiamare le truppe dal fronte. Alla fine i bolscevichi presero anche il palazzo d'Inverno (arrestarono i ministri).

Durante l'attacco a quest'ultimo, si riuniva nel quartier generale bolscevico il congresso panrusso dei soviet. I bolscevichi avevano ora la stragrande maggioranza dei seggi, i menscevichi, i laburisti, i socialrivoluzionari, erano minoritari in modo più o meno paritario. Laburisti e menscevichi protestarono, chiedendo la cessazione delle ostilità e la formazione di un governo di coalizione delle sinistre. Disperatamente, minacciarono di abbandonare il congresso, se le loro richieste non fossero state accolte. Nessuno li trattenne, ovviamente! I socialrivoluzionari decisero di restare.

Fu creato un nuovo governo interamente bolscevico (con Lenin primo ministro, Trockij agli esteri, Stalin alle nazionalità). In luogo di 'ministro', fu usato il più rivoluzionario appellativo di 'commissario del popolo'. I suoi primissimi atti furono la richiesta di negoziati di pace alle potenze centrali (lo scopo era raggiungerla senza annessioni né indennizzi), e la confisca di tutte le terre, nobiliari, ecclesiastiche, demaniali, senza risarcimento, da ridistribuire ai contadini (Lenin fu ben cauto nell'astenersi dal pronunciare la parola 'nazionalizzazione', per non inimicarsi i contadini. Aveva fatto convenientemente proprio, perlomeno momentaneamente, il programma dei socialrivoluzionari).

Quello stesso giorno Kerenskij chiese aiuto ai generali, che però, dopo la 'vicenda Kornilov', non si fidavano più di lui. Si rifiutarono, dunque, di avanzare verso Pietrogrado. L'unico sostegno gli venne da pochi cosacchi e da alcuni ufficiali cadetti (entrambi vennero sconfitti dai bolscevichi). Kerenskij, sconfitto, fuggì dalla Russia.

La rivoluzione ebbe di fatto termine i primissimi di novembre con la presa del Cremlino a Mosca. Fu allora che le principali città industriali del paese riconobbero il potere dei soviet.

Quella bolscevica, più che una rivoluzione, fu un golpe, un putsch militare. Le ragioni del suo successo vanno individuate nel fatto che, innanzitutto i vertici dell'esercito non controllavano più la base dei soldati, esasperati (e in maggioranza bolscevichi), soprattutto se contadini. Se gli operai delle varie città industrializzate della Russia erano per la maggior parte bolscevichi, costituivano tuttavia una minoranza all'interno della popolazione nazionale. Tuttavia, data la situazione di estremo vuoto politico che si era venuta a creare, soprattutto nei giorni (più che nei mesi) che anticiparono la rivoluzione, il sostegno dei lavoratori fu comunque politicamente essenziale, per via dell'ingente incremento di rilevanza politica che i soviet avevano assunto. Insomma, in uno scenario politicamente inerte, inattivo (le moltitudini di contadini stavano per lo più a guardare), bastava relativamente poco per impossessarsi del potere.

Sui contadini – in generale poco portati a maturare delle ideologie – russi, le idee dei bolscevichi non fecero grande presa (per vari motivi che mi astengo dall'enunciare). Costoro condividevano invece il più pratico e meno ideale programma dei socialrivoluzionari. Una massa disorganizzata di disperati, è vero che può colpire (ma sempre in un progetto immediato) chi la opprime, ma può anche agire autodistruttivamente contro di sé. In generale, se non indirizzata, non segue nessun piano, agendo arbitrariamente. Ma tale massa, avendo perduto ogni fiducia nella politica, non sarà neanche d'intralcio a chiunque sia deciso ad impossessarsi del potere (anche se non ha ancora risolto il successivo problema di mantenerlo).

Dopo il colpo di stato andato a buon fine, il consiglio dei commissari del popolo, fra l'altro privo di esperienza di governo, dovette fronteggiare la situazione di anarchia che gli aveva consentito di prendere il potere.

I sindacati dei ferrovieri avrebbero consentito il fondamentale uso delle ferrovie a patto che si fosse creata una coalizione delle sinistre, la banca di stato si rifiutava di consegnare i suoi fondi ai bolscevichi, questi erano forti a Pietrogrado, a Mosca e nei grandi centri industriali, ma deboli nelle provincie, in cui erano dunque costretti a collaborare con le restanti sinistre all'interno dei soviet locali. Soldati e operai, sebbene allineati alla volontà dei bolscevichi, non erano disposti a prendere ordini da costoro. A Pietrogrado mancava il cibo, tanto che gli stessi commissari dovettero accontentarsi di un'austera dieta alimentare.

Lenin non era tuttavia intenzionato a rinunciare alla sua posizione politica, in base alla quale vi doveva essere un governo interamente bolscevico.

I suoi oppositori erano i menscevichi di Martov, che godevano tuttavia di scarso consenso, i socialrivoluzionari di Černov, ancora forti nelle campagne, o meglio, più che altro, il raggruppamento laburista nato da una costola di questi ultimi (costituendo un'entità politica praticamente indipendente).

Ma i bolscevichi avevano anche nemici al loro interno. Kamenev, membro del direttivo (dei dodici uomini che lo componevano, fu uno dei due membri in disaccordo con Lenin), era convinto che i bolscevichi avrebbero potuto stabilmente governare solo grazie alle restanti sinistre. In più si pre-accordò con esse per escludere Lenin e Trockij da un'eventuale futuro governo di coalizione. I bolscevichi dovevano inoltre venire disarmati.

I primissimi di novembre Lenin propose di abolire la stampa borghese (per il raggiungimento del controllo governativo di essa). Cinque membri del direttivo bolscevico (tre dei quali commissari), si dimisero da esso: tra costoro, oltre che Kamenev, vi era anche Zinov'ev (l'altro dei due dissidenti del direttivo, al momento di optare per la rivoluzione).

I socialrivoluzionari furono tuttavia irreggimentati all'interno del partito, in cambio del conferimento a costoro di poteri politici (alcuni di essi divennero addirittura commissari). Ciò fu, fra l'altro, visto di buon'occhio dai ferrovieri. Lenin non aveva poi avversari bolscevichi degni di nota che avrebbero potuto rimpiazzarlo. I cinque suddetti dissidenti ritrattarono le loro posizioni, in quanto minacciati di espulsione.

I bolscevichi riuscirono a imporsi anche nelle province, usando la forza contro i membri, sia laburisti che menscevichi, dei compositi soviet locali. Costoro si limitarono a protestare, come durante il congresso panrusso dei soviet (tali individui, in politica, mancavano di realismo ed erano caratterizzati da inettitudine).

Per i primi di novembre era improrogabile votare per l'assemblea costituente: non si poteva non tener conto dell'opinione pubblica. Lenin, per cercare di avere la meglio, fece arrestare i capi dei cadetti. Ma ciò servì a poco. Democraticamente i laburisti presero, all'incirca, il doppio dei voti dei bolscevichi. I socialrivoluzionari presero pochi voti, i menscevichi e i cadetti ne presero ancora meno. A quel punto Lenin decise di sciogliere con la forza l'assemblea. I primissimi di gennaio del 1918, questa si riunì per la prima volta nel palazzo di Tauride. Vi fu un proclama in base al quale essa doveva essere subordinata, sottomessa, all'esecutivo bolscevico. Tale imposizione venne respinta. Fu allora che i bolscevichi decisero di passare all'azione. Le Guardie rosse repressero gli uomini di Černov, il quale li aveva convinti a non fare ricorso alle armi.

Lenin, per consolidare il suo potere, emanò numerosi decreti. Fu stabilita la separazione tra stato e chiesa. I matrimoni erano solo civili e il divorzio poteva venire concesso. Le autorità municipali controllavano la distribuzione del cibo e i negozi. Già a metà dicembre le banche vennero sopraffatte, venendo occupate militarmente. Verso la fine di gennaio, debiti interni ed esteri vennero annullati. Se i proprietari terrieri erano già stati espropriati, per quel che riguarda i borghesi non potevano più possedere grandi immobili. Intorno al primo di gennaio ebbe termine il gioco in borsa e si smise di pagare i dividendi azionari. I soviet locali costringevano i benestanti a cedere ingenti somme di denaro. Quel che restava del capitale privato fu dissolto dall'alta inflazione (venivano stampate numerosissime banconote).

Anche da sinistra i bolscevichi venivano aspramente criticati. Se propugnavano l'abolizione della proprietà privata, ecco come si comportarono con le terre e con l'industria (ebbero negli utopici e intransigenti 'comunisti di sinistra' di Bucharin, degli aspri oppositori).

Già si è detto che Lenin era per il momento favorevole a suddividere le terre in piccole proprietà contadine. La creazione di nuovi contadini agiati avrebbe spinto il resto degli agricoltori a chiedere la collettivizzazione delle campagne. Inoltre la distribuzione avvenne (pragmaticamente) in maniera tale che i contadini più agiati ne beneficiarono. Ma i contadini più umili videro di poco accresciute le loro proprietà (ciò derivò dal dover ripartire tutta la terra fra milioni e milioni di contadini). Inoltre i più fortunati non accettavano che il loro grano venisse forzatamente requisito per sfamare le città (il fallimento della politica degli approvvigionamenti alimentari, ritengo fosse dovuto, da un lato dall'isolamento economico in cui ora riversava la Russia, dall'altro dallo stallo dell'economia).

Anche per quel che riguarda l'industria, si dovette giungere a dei compromessi (in genere ciò – a questo mondo – ritengo sia realisticamente necessario, inevitabile). I comitati di fabbrica, sotto i dettami dei commissari del popolo, non erano in grado di guidare le imprese. Gli operai si rivelarono dunque non essere in grado di determinarne la nazionalizzazione (in ciò ci si disilluse).

Le fabbriche dovevano essere gestite da un singolo direttore, non più da un comitato ed eletto per giunta dagli operai. I vecchi manager vennero reintegrati (anche gli operai specializzati non comunisti) e con alti salari. Tutto ciò non piacque, oltre che ai comunisti di sinistra, neanche ai socialrivoluzionari.

Alcuni giorni dopo il colpo di stato, venne ordinato il cessate il fuoco. A partire da quel momento, presso la fortezza di Brest-Litovsk (in Bielorussia: posta vicina alla Polonia, distava poco dalla linea del fronte tedesco), ebbero inizio i negoziati tra la Russia e le potenze centrali (il generale Hoffmann negoziava per gli imperi centrali, verso la fine di dicembre, a contrattare per la Russia, vi fu Trockij). Lituania, Polonia e parte della Bielorussia erano in mano ai tedeschi, che ne avrebbero voluto fare degli stati fantoccio. L'Austria-Ungheria era interessata all'Ucraina (per via delle sua ricchezza industriale e di derrate alimentari, soprattutto agricole – dovevano sfamare Vienna al fine di sedare delle rivolte), che nell'estate del 1917 si era resa una repubblica autonoma da Pietrogrado. Nell'assemblea istituita dai nazionalisti ucraini, la Rada, i bolscevichi erano scarsamente rappresentati. Alla fine del 1917 i legami con la Russia vennero del tutto meno e i bolscevichi dovettero abbandonare Kiev (continuarono a combattere contro il governo della Rada).

Anche per i comunisti di sinistra bisognava continuare le ostilità con gli imperi centrali.

Lenin dovette essere realista: i tedeschi erano militarmente troppo forti per essere sconfitti, in Europa non ci sarebbe stata nessuna rivoluzione, l'Intesa non sarebbe giunta in soccorso della Russia e vi era la necessità di mantenersi con sicurezza il proprio spazio vitale. I primissimi di marzo del 1918 venne firmato il trattato di Brest-Litovsk (pochi giorni dopo Mosca divenne la nuova capitale: Pietrogrado era troppo vicina ai paesi ora nemici, soprattutto alla Finlandia): la Russia perdeva anche la Finlandia, le due rimanenti provincie baltiche, la parte restante della Bielorussia con Minsk, parte dell'Ucraina (con le città di Kiev e Odessa). Contemporaneamente l'Ucraina, indipendente dalla Russia, venne invasa dai tedeschi.

Una politica del terrore (come vedremo, sempre più necessaria), si impose già a partire dal mese di dicembre del 1917, in cui un decreto istituì la Čeka, una polizia politica. Se nell'ottobre del 1917 la pena di morte venne abolita, venne successivamente reintrodotta.

Il terrore si acuì per la questione della pace. I comunisti di sinistra, per non rompere l'unità del partito, decisero di astenersi dal votarla. Inoltre non volevano affatto unirsi agli altri gruppi di sinistra. I socialrivoluzionari contrastarono la pace, rompendo con i bolscevichi. A fine primavera del 1918, laburisti e menscevichi combatterono contro i bolscevichi in Siberia e nella regione russa del Don (fu in tale occasione che i bolscevichi uccisero lo zar e la sua famiglia, prigionieri in Siberia). In estate invece i socialrivoluzionari organizzarono la resistenza contro i tedeschi in Ucraina. Giunsero ad uccidere un ambasciatore tedesco (Lenin dovette chiedere scusa). I socialrivoluzionari vennero perciò perseguitati politicamente.

Il terrore precarizzò anche la vita dei bolscevichi: Lenin stesso fu gravemente ferito a Mosca (la risposta a quell'episodio fu assai dura).

Sempre nell'estate del 1918, tuttavia, la minaccia delle destre, dei *Bianchi*, pose fine alle persecuzioni politiche delle sinistre. Queste furono di nuovo tutte unite contro il nemico comune.

Già agli inizi del 1918 alcuni generali zaristi, tra cui Kornilov e Denikin (futuro capo dei Bianchi durante la 'guerra civile'), si diressero verso l'area del Don per attaccare i bolscevichi, sostenuti dai cosacchi della zona. I bolscevichi ebbero la meglio.

Fu in estate, come si è detto, che scoppiò tuttavia la guerra civile (Kornilov non vi prese parte, poiché morì prima del suo inizio).

Trockij fu la sua abile guida principale (venne eletto commissario alla guerra. In tale occasione bellica sorse l'Armata rossa). Nel corso di essa introdusse efficaci riforme militari, quali la cessazione dell'elezione degli ufficiali da parte dei soldati e l'arruolamento nell'esercito di decine e decine di migliaia di ex ufficiali zaristi (costantemente sorvegliati nelle loro mosse e con le loro famiglie in ostaggio, sebbene non fossero stati assoldati forzatamente).

L'andamento della guerra civile fu a fasi alterne, ma nel 1921 i bolscevichi sconfissero definitivamente i Bianchi. Nel corso di essa si erano inoltre rimpossessati di Kiev.

Le ragioni della vittoria sono da individuare nel mancato appoggio da parte, sia dei contadini che delle sinistre non-bolsceviche, ai Bianchi: il popolo russo preferì i bolscevichi ai rappresentanti del vecchio regime zarista. Anche la compattezza d'intenti dei leninisti nell'imporre una dura disciplina di guerra, costituì un fattore determinante per la loro vittoria.

Nell'intero corso della guerra civile, fu invece Lenin a creare le condizioni economiche favorevoli alla vittoria, attuando il cosiddetto 'comunismo di guerra': il controllo statale veniva esteso all'intera economia nazionale. Prezzi e distribuzione dei beni erano di monopolio statale. Vennero nazionalizzate numerosissime imprese, che furono sottoposte ad una rigida centralizzazione economica per mezzo dei *glavki*, organi statali con a capo singoli dirigenti spesso di estrazione borghese, manager ai tempi dello zar. Venne istituito un commissario per gli approvvigionamenti che doveva requisire il grano ai contadini (specie ai kulaki) per sfamare sia le città che l'esercito. Ma Lenin non poteva inimicarsi l'ampia classe media dei contadini, per cui a un certo punto le requisizioni avvennero in base a quote prestabilite che colpivano tutti gli agricoltori. La necessità della collettivizzazione dell'agricoltura era tuttavia semplicemente rinviata.

Gli effetti prodotti dal comunismo di guerra furono tutto sommato positivi sotto il profilo, sia della produzione che della redistribuzione dei generi alimentari. Se attuato per un periodo limitato di tempo, il severo monopolio statale dell'economia (laddove non ci sono le condizioni per attuarlo con duraturi effetti positivi), può rivelarsi utile ed efficiente.

Il centralismo economico doveva comunque aver termine, per non produrre un'esplosione politica. L'occasione per un rivolgimento si impose dopo l'episodio della rivolta dell'isola di Kronštadt (non distante da Pietrogrado) del 1921, che rappresentò l'apice del malcontento tra i russi. I marinai dell'isola (per lo più contadini ucraini), reclamavano l'alleggerimento del controllo statale sull'economia e il ristabilimento delle libertà di opinione e di associazione per tutte le sinistre non bolsceviche. Fu Trockij a guidare la dura repressione dei rivoltosi, che si erano asserragliati presso la fortezza dell'isola.

Fu proprio nel corso della rivolta che, in un congresso, Lenin propose l'attuazione della Nep, la 'Nuova politica economica'. L'iniziativa privata doveva venire parzialmente ristabilita.

Cessate le requisizioni forzate, i contadini potevano immettere sul mercato i prodotti che non consumavano (a beneficiarne furono dunque, principalmente, i kulaki). La rigida direzione dell'economia da parte dei glavki venne allentata: le imprese che producevano beni di consumo potevano ora commercializzare i loro prodotti in una situazione di libera concorrenza. Sorse la figura del *nepman*, del commerciante privato agiato.

L'industria pesante, il sistema bancario, il commercio con l'estero, rimanevano prerogativa dello stato.

La Nep permise a Lenin, da un lato di mantenere in vita il suo regime (per via della creazione di un'ampia classe media più o meno agiata, che agiva a discapito dei ceti meno abbienti), dall'altro (di conseguenza) di inasprire ulteriormente il carattere autoritario dello stato. Più facili divennero le epurazioni dei bolscevichi dissenzienti e la situazione peggiorò ulteriormente per le sinistre non bolsceviche.

Alcuni storici sostengono che Lenin non fosse troppo soddisfatto della Nep. Doveva costituire una fase provvisoria in vista – addirittura – della successiva collettivizzazione forzata delle campagne e dell'istituzione di dirigisti piani quinquennali. Nel 1922 Lenin accusò il primo di una serie di malori che lo accompagneranno fino alla morte, avvenuta nel 1924 (era nato nel 1870).

Anthony Wood è convinto che Stalin non stravolse i principi pratico-politici del leninismo. A mio parere li radicalizzò, li estremizzò, portandoli tuttavia a compimento, nella realizzazione di una società più marcatamente statalista – se non propriamente socialista, perlomeno in una prima lunga fase – rispetto a quella prodotta da Lenin: che dunque, forse, era consapevole di essere, per così dire, giunto solo a 'metà strada' nel corso del raggiungimento del suo progetto politico. Ma la dura imposizione della statalizzazione da parte di Stalin, non fu altro che, a mio avviso, il necessario, realistico, presupposto per la creazione di una Russia e (più in generale) di un mondo (bipolare) più socialista, più equo e benestante (per quanto a questo mondo possano darsi giustizia e benessere), rispetto a quello che – storicamente per intero – lo ha preceduto. Nikita Krusciov non riuscì a indebolire e a smantellare del tutto delle solide strutture che dunque sopravvissero piuttosto a lungo dopo la morte del loro creatore.

Ciò che il leninismo fu autenticamente, non emerge, dunque, tanto dagli scritti di Lenin: se non emerge del tutto in *Che fare?*, ancora meno affiora nell'altro importante suo scritto, *Stato e rivoluzione* (la cui stesura definitiva risale alla fase pre-rivoluzionaria del 1917). L'ottimismo marxista che vi emerge, fa dire a Lenin che uno stato repressivo post-rivoluzionario – ma concomitantemente sempre più democratico – avrebbe piuttosto agevolmente, gradualmente, contrastato gli oppressori del popolo, fino alla realizzazione di un comunismo senza stato. Fra l'altro, Marx viene interpretato un po' rozzamente, superficialmente, per via di alcuni elementi positivistici che caratterizzerebbero, secondo Lenin, gli aspetti più sociologici del suo pensiero politico-filosofico.

Il problema della successione a Lenin si impose prima della sua morte, quando un ultimo ictus lo rese un vegetale. I principali protagonisti della lotta per la successione al grande leader russo furono Iosif Stalin, Kamenev, Zinov'ev, Trockij, Bucharin. Se il primo dei cinque fu il personaggio politicamente meno forte all'inizio, si imporrà gradualmente su ogni suo avversario divenendo nel 1929 la nuova guida dell'*Urss* (denominazione coniata nel 1922), dell'*Unione delle Repubbliche Socialiste Sovietiche*. Avendo estremamente marginalizzato i suoi avversari politici poté, in quell'anno, avviare il primo piano quinquennale.

Nel 1922 Lenin, nel suo *Testamento* (una lettera), accusava Stalin di poca prudenza, di eccessiva audacia. Successivamente, in un'aggiunta al *Testamento*, tacciandolo di rozzezza, invitava addirittura i suoi antagonisti a marginalizzarlo politicamente. Ritengo che il giudizio di Lenin su Stalin sia stato errato. Da un lato, poiché l'audacia del georgiano si rivelerà tutt'altro che disastrosa, dall'altro poiché rozzezza intellettuale e abilità politica non si escludono a vicenda. Vi è certamente da ritenere, leggendo *I fondamenti del leninismo* (scritti da Stalin nel 1924, dopo la morte di Lenin), che il georgiano abbia colto a pieno l'essenza del leninismo: attivismo politico, 'rivoluzione dall'alto', flessibilità tattica in politica, costituirebbero in effetti i caratteri di quella che fu la condotta di Lenin, che Stalin dunque divulgò correttamente in quanto scrisse.

La contesa con Lev Trockij sembrò riguardare più il piano della personale antipatia (reciproca tra i due politici), che quello ideologico, per via della duttilità politica – di fatto – dell'ebreo ucraino. Tuttavia Stalin, con la teoria del 'socialismo in un solo paese', si contrapponeva a Trockij in quanto il socialismo non doveva attendere le rivoluzioni nei paesi capitalistici per poter essere attuato. Il socialismo doveva finalmente essere pienamente realizzato in Russia e ciò avrebbe favorito lo scoppio di rivoluzioni comuniste in tutto il mondo.

I rimanenti, principali, personaggi con cui Stalin si contendeva la successione a Lenin costituivano un intralcio alla costruzione del socialismo per via della loro scarsa abilità politica e per l'inaffidabilità. Bucharin, in particolare, non voleva industrializzare velocemente il paese, favorendo la classe dei contadini (che a quel tempo pagavano anche meno tasse che in passato). L'industrializzazione avrebbe invece comportato la creazione di *kolchoz*, di cooperative agricole private, e di *sovchoz*, di fattorie statali (avrebbero avuto maggiore estensione rispetto alle cooperative), al fine di ottimizzare la produzione agricola. I prodotti di tali aziende sarebbero stati pressoché requisiti e ridistribuiti in tutto il paese al fine di creare il presupposto della vendita, o comunque della richiesta, di prodotti industriali.

Dal 1929 al 1941 si ebbero senza interruzioni tre piani quinquennali. L'ultimo venne interrotto dall'invasione tedesca della Russia.

L'andamento generale dei tre piani fu il seguente. I risultati furono notevoli – anzi impressionanti. Il tutto doveva essere oculatamente finalizzato all'accrescimento dell'industria pesante e, nella fattispecie, dell'industria legata alla difesa. Ma per il raggiungimento di tale finalità, tutto ciò che ad essa era subordinato, doveva il più possibile funzionare armoniosamente, in modo tale da costituirne il necessario presupposto.

Il kolchoz rimpiazzò l'economia aspramente concorrenziale determinata dai kulaki. Esso forniva due tipi di vantaggi. Da un lato, per via del suo carattere privato, non faceva venir meno una situazione di concorrenza, la quale creava delle disparità. Creare i presupposti per accontentare maggiormente alcuni a discapito di altri, si impone per il mantenimento della società. Dall'altro, le ingerenze dello stato sul kolchoz, non consentivano che si creassero eccessive disparità tra le cooperative, il che manteneva un certo equilibrio economico.

Vi è da ritenere che già il primo piano quinquennale, nonostante le asprezze, produsse tutto sommato un certo benessere generale e una certa armonia sociale. Se anche l'industria leggera crebbe (anche se non come l'industria pesante), ciò fu necessariamente dovuto ad una proficua redistribuzione dei beni alimentari. Certamente le requisizioni di tali beni scontentarono qualcuno, non essendo del tutto giuste. Resta il fatto che il grande zelo con cui l'intera popolazione russa costruì l'industrializzazione del paese (le industrie vennero modernizzate, ovvero rese più efficienti), non poté che venire alimentata dai concreti vantaggi che tale industrializzazione apportò. La meccanizzazione dell'agricoltura (costituita in particolare dall'introduzione del trattore), la maggiore efficienza derivante da una cooperativa piuttosto che da terreni di contadini tra loro isolati e indipendenti, determinò certamente dei risultati positivi.

Il secondo piano quinquennale, non solo fronteggiò con successo una pesante carestia (dipesa probabilmente da fattori meramente naturali), ma consentì una maggiore liberalizzazione e un alleggerimento della rigida politica di confisca e redistribuzione dei beni di prima necessità. Ai membri del kolchoz vennero offerti appezzamenti privati e bestiame di proprietà. Ciò che se ne ricavava poteva anche essere messo sul mercato. Con l'ultimo piano quinquennale prima dello scoppio della guerra (tale scoppio lo si sapeva imminente), fu necessario il ritorno ad un'economia dura e rigidamente pianificata. Con il maresciallo Timošenko come commissario alla Difesa, gli ultimi anni del terzo piano furono caratterizzati dall'incremento dell'industria legata alla difesa (vennero in particolare prodotti aerei e carri armati) e si assistette alla reintroduzione nell'esercito di validi quadri precedentemente allontanati. Più in generale, nel corso dei tre piani, per superare delle carenze, degli ostacoli, nella produzione, manager e specialisti non ben visti dal regime, vennero reinseriti nelle fabbriche e ben pagati.

Nel corso del decennio il miglioramento e l'estensione dell'istruzione creò mano d'opera specializzata e nuovi, capaci, dirigenti. Si impose il severo controllo della cultura: il suo monopolio può produrre sedizioni anche laddove non sono strettamente necessarie, o comunque vantaggiose, e provocare una sfavorevole situazione di disgregazione politico-sociale.

Fu anche un decennio di purghe (di epurazioni e di persecuzioni politiche). Prima della grande purga degli anni 1936-1938, in cui morirono Kamenev, Zinov'ev e Bucharin (la morte di Trockij in Messico, in cui era in esilio, nel 1940, costituisce l'episodio conclusivo delle persecuzioni staliniane del periodo precedente lo scoppio della guerra: l'ebreo ucraino divenne l'artefice di una risonante campagna denigratoria nei confronti dell'Urss), l'episodio repressivo più significativo fu rappresentato dall'uccisione di Kirov, in grado di competere con Stalin per un cambio di potere.

Il presupposto della grande purga di cui si è detto, fu l'introduzione della nuova costituzione del 1936, in cui il partito assumeva il più ampio potere. Il 1936 fu anche l'anno in cui Ežov divenne il capo del nuovo commissariato agli Affari interni (Nkvd): la repressione politica si fece ancora più dura.

L'industrializzazione forzata e il grande potenziamento dell'esercito furono anche e soprattutto imposti dai non celati intenti hitleriani di espandersi verso est. Francia e Gran Bretagna, non solo non ebbero alcuna intenzione di allearsi con l'Urss per evitare l'eventuale disastroso scenario che il nazismo avrebbe potuto produrre (e che produsse), ma vedevano addirittura di buon'occhio nazismo e fascismo, in quanto funzioni anticomuniste e antisocialiste del capitalismo. Il patto di non aggressione russo-tedesco, firmato nel 1939 dai ministri degli Esteri Molotov e von Ribbentrop (il primo russo, il secondo tedesco), consentì alla Russia di respirare, preparandosi ulteriormente per l'imminente conflitto (avrebbe avuto inizio nel 1941).

L'operazione 'Barbarossa' da parte della Wehrmacht doveva consistere in una guerra lampo da concludersi in tre attacchi: a nord contro gli stati baltici e Leningrado, al centro contro Mosca dopo aver conquistato la Bielorussia, a sud ci si doveva impadronire dell'Ucraina. Ad Hitler servivano 'spazio vitale' per i tedeschi e materie prime, di cui la Russia era ricca. Nel 1941 Leningrado, Minsk e Kiev caddero in mano ai tedeschi (conquistarono l'Ucraina prima di attaccare la capitale russa, per avere a disposizione rifornimenti di beni alimentari), ma il loro tentativo di conquistare Mosca, centro strategico di assoluta, primaria, importanza, non andò a buon fine. Sotto l'abilissima guida del maresciallo Žukov, cui Stalin concesse scaltramente ampia libertà decisionale, l'Armata rossa ottenne un'importante vittoria. Fu resa possibile soprattutto dal fatto che dalla Siberia giunsero a Mosca numerosi rinforzi. In più, una spia comunista tedesca che operava in Giappone, seppe che i nipponici non avrebbero attaccato la Siberia. In generale, i successi dei russi furono dovuti alla grande disponibilità di vite umane per la guerra, che sopperì all'inferiorità tecnologico-militare rispetto ai tedeschi, sebbene Stalin avesse fortemente modernizzato e potenziato l'esercito. In più, durante la guerra, la produzione di armi da parte dei sovietici fu accanita e tenace. Infine, costoro impararono intelligentemente a combattere una guerra di tipo moderno, di cui all'inizio non sapevano nulla.

Altra importantissima vittoria venne ottenuta a Stalingrado nel 1942: fu dovuta ad uno strenuo sacrificio da parte dei combattenti russi (le perdite di vite umane furono ingenti).

La svolta della guerra, a favore dei sovietici, la si ebbe nel 1943 con la vittoria di Kursk, località russa vicina all'Ucraina, che venne attaccata dai tedeschi. Fu essenzialmente una battaglia tra carri armati. Hitler decise di arrendersi, soprattutto per via dello sbarco alleato in Sicilia.

Tra gli altri importanti motivi che determinarono la sconfitta della Germania, vi fu in primo luogo la dichiarazione di guerra agli gli Stati Uniti alla fine del 1941. Inoltre gli angloamericani (soprattutto gli americani) iniziarono ad un certo punto a fornire alla Russia denaro, risorse e mezzi militari. Hitler poi, rigidamente a capo delle operazioni militari, commise molti errori strategici. Infine, il trattamento disumano che i tedeschi riservarono ai prigionieri (i comuni soldati morivano per fame, gli ufficiali vennero sterminati), spinse i soldati russi, a conoscenza di tali orrori, ad un'ostinata resistenza e a sacrifici estremi. I tedeschi furono del resto spietati anche nei confronti di quelle popolazioni, come i ceceni o i tartari di Crimea (i cosacchi combatterono addirittura a fianco dei tedeschi, assieme ad italiani, finlandesi, spagnoli, est-europei), che li accolsero come liberatori.

Nel 1944, grazie soprattutto allo sbarco angloamericano in Normandia, ebbe inizio la vittoriosa, irrefrenabile, avanzata dell'Armata rossa verso Berlino, che verrà conquistata nel 1945. Prima di giungervi, dopo aver conquistato l'Europa orientale, i russi deviarono presso i Balcani.

Fu alla conferenza di Teheran nel 1943, ma soprattutto a Yalta (in Crimea) nel 1945 (prima della fine della guerra), che Roosevelt e Churchill fecero molte concessioni a Stalin, in merito a ciò che si sarebbe politicamente verificato dopo la fine del conflitto mondiale (fra l'altro, già si stabilì della duplice influenza da esercitare in Jugoslavia, da parte sia degli occidentali che dei sovietici).

Secondo lo storico Martin McCauley, fu soprattutto Churchill a voler accontentare Stalin, allo scopo di impedire l'ulteriore avanzamento dell'Armata rossa in direzione dell'occidente europeo.

Dal punto di vista della cultura, il suo controllo in Russia si inasprì dal 1945 al 1953 (anno della morte di Stalin), soprattutto ad opera di Ždanov, fortemente avverso ad ogni influenza culturale straniera. L'incremento del culto della personalità di Stalin, infallibile eroe vittorioso della guerra, fortificò la resistenza culturale della Russia nei confronti delle infiltrazioni ideologiche occidentali.

In occidente, con la dottrina Truman e il piano Marshall, si mirava, viceversa, a contrastare culturalmente il comunismo, la sua espansione (con la nascita della Nato agli inizi del dopoguerra, si starà attenti a tenerlo a bada anche militarmente. Il Patto di Varsavia sorse ad opera di Krusciov). L'influenza sovietica in occidente dipese invece dalla creazione, nell'immediato dopoguerra, del Kominform (comprendeva anche i principali partiti comunisti dell'Europa occidentale). Costituiva praticamente la rinascita del Komintern, scioltosi durante la guerra.

Nell'immediato dopoguerra venne attuato il quarto piano quinquennale, che dovette fronteggiare una grave siccità. Si dovette ricorrere alla tassazione in natura di beni alimentari privati, non provenienti dal kolchoz. Per il resto, il piano venne attuato con maggiore flessibilità rispetto a quelli passati. Il capo della sezione del partito di un'*oblast'*, di una provincia, era anche un esperto economico che poteva prendere alcune iniziative personali.

Se la creazione di paesi satellite nell'Europa dell'est (adottarono istituzioni di tipo sovietico) fu favorevole all'economia dell'intero blocco sovietico, vi è da ritenere che la relativa scarsità di risorse agricole nell'area del blocco, nonché le sue difficili condizioni climatiche, costituì costantemente un problema strutturale per l'economia di quell'area.

(Il saggio appena concluso comparirà anche in un mio libro di prossima uscita: U. Petrongari, *Saggi su alcuni filosofi moderni,* Aracne, *in corso di stampa).*

SOCIALISMO E POLITICA TRADIZIONALE

Pur da elettore di centro-sinistra (mai però del PD) da svariati anni, ritengo tuttavia che se l'intera umanità volesse emanciparsi dovrebbe optare per il comunismo. In questa sede parlerò piuttosto sinteticamente del modo in cui si faceva politica nei paesi in cui il socialismo comunista è stato realizzato ed ora non è più operante e del modo in cui si fa politica in quelle nazioni dove continua ad esistere. Dapprima farò alcune riflessioni sulla morale per poi parlare più specificamente di politica.

In alcuni testi nietzschiani è colta nei seguenti termini l'essenza della morale. Il pensatore tedesco innanzitutto non prende in considerazione un tipo d'uomo che può fare tutto ciò che vuole, teoricamente, tutto ciò che è possibile. Esclusa questa tipologia antropologica gli uomini si suddividerebbero in forti e deboli. Per uomo forte Nietzsche intende chi è materialmente, fisiologicamente, dotato di robustezza e di destrezza. Chi è fragile e maldestro sarebbe invece il debole. Quest'ultimo, grazie al suo grande e complesso sistema nervoso, si potrà servire della coscienza, del pensiero, per sopperire alle sue anzidette carenze.

Ora, in natura ogni animale, più o meno forte, che non sia l'uomo, è ugualmente moralmente incosciente per via del suo cervello. Chi non sviluppa un'etica è quindi lo stupido, chi cioè non attua alcune potenzialità della sua mente. Gli animali non hanno senso morale. L'assenza di aberrazioni nel mondo della fauna è interamente dovuto all'impossibilità del pervertimento all'interno di esso. Gli animali si mantengono incorrotti. Se, non pensando, agiranno in modo ottimale, magari riuscendo sempre nei loro intenti, non apprenderanno nulla (o al limite poco) dalle esperienze negative che andranno eventualmente a fare. Mettono maggiormente a rischio la loro vita rispetto all'uomo e più facilmente e ripetutamente vanno incontro al dolore.

Se l'animale si serve per lo più della sola sensibilità, l'uomo è dotato di memoria e di anticipazione immaginativa del futuro in misura maggiore rispetto all'animale.

Ma vediamo in concreto come sorge la morale. L'uomo si rende innanzitutto conto di come la sua vita sia precaria. Un uomo gracile armato o un uomo corpulento possono allo stesso modo procurargli dolore e morte. Stabilisce dunque che ci si deve reciprocamente astenere dall'offendere, dal ledere e dal far perire. Sa bene, inoltre, che se contravviene a detto principio la pagherà cara. Si accorge allora che un bambino, assai esile e privo di colpe, và tutelato nel modo più scrupoloso.

Ma per comportarsi civilmente c'è bisogno di uno Stato che imponga con forza e autorità l'etica, altrimenti sarà portato a trasgredire ogni precetto morale. Se lo Stato abusa del suo potere ogni contraente da esso tutelato gli si scaglierà contro. In tal modo si crea un pacifico equilibrio (ma il discorso è molto teorico) tra cittadini e autorità.

Insomma, morale e politica, etica e leggi dello Stato, fanno tutt'uno. L'uomo che ancora non ha inventato gli auto-mistificanti sentimenti è ben cosciente del proprio egoismo, del proprio tornaconto. Ovvero, non trasgredisce poiché sa che lo Stato punirà severamente ogni sua prevaricazione. E se l'uomo stolto è inguaribilmente immorale, non vi sarà altro mezzo che una ingombrante (ma anche rassicurante) presenza di forze dell'ordine ad impedirgli di commettere crimini.

Per stabilire quale sia la più conveniente forma di governo per la più grande maggioranza delle persone prendiamo dapprima in considerazione un regime ultraliberista e ultralibertario. Nulla in sé in esso vi è di sbagliato: egoistici e immorali consumi di massa, anche nel segno della più femminea superficialità e leggerezza, permesso di ogni forma di prostituzione e di pornografia, legalizzazione dell'uso delle droghe e dell'abuso di alcol (con annesse manifestazioni di inciviltà), lusso sfrenato, accumulo indefinito di capitali, prezzi rigorosamente stabiliti dalle leggi di mercato, carattere privato di ogni tipo di servizio (sanità ecc.), espansionismo neoimperialistico, ma anche tolleranza per ogni forma culturale e religiosa.

A partire da tale scenario, utopica e illusoria è la soluzione politica prospettata da certa destra, la quale attende un mutamento, non imposto, della base, che deve moralizzarsi. In tal modo si avrebbero politici onesti e magistrati integerrimi, uomini d'affari non famelici, militari onorevoli, non criminali. A parte il fatto che il capitalismo non verrebbe superato nei suoi fenomeni disparitari, in assenza di leggi il più possibile egualitarie, di uno stato pacifico e di diritto, non vi potrà mai essere una stabile moralità vigente, o comunque non potrebbe venire assicurata. Le figure sopra menzionate si comporterebbero eticamente, ritengo in parte casualmente e in parte per moda. Si deve poi diffidare dagli eroi. Chi, non avendone l'esigenza, rischia la propria pelle per una giusta causa è un'incosciente, chi addirittura và incontro alla propria sicura morte è un nichilista. Occorre sempre essere cauti e ben avveduti nell'agire, calcolatori.

Poniamo che il capitalismo conduca ad una situazione di equilibrio economico, tanto da prodursi una situazione anarco-capitalistica. A quel punto – e a patto che il mondo sia popolato solo da persone moralmente intelligenti, ipotesi pressoché irrealizzabile – nessuno prevaricherebbe nessun'altro. Ma il capitalismo non è mai giunto (né – vi è da ritenere – mai giungerà) ad una situazione di equilibrio economico.

Poniamo infine il caso della realizzazione di un'autentica socialdemocrazia. Il suo carattere sociale, il suo progressivo riformismo, sarà tale da scontrarsi prima o poi con i poteri forti che gli impediranno, a un certo punto, di realizzare un pieno o assai marcato Stato egualitario o di diritto.

Da sempre, o comunque da tempi assai remoti, l'occidente (ma anche l'oriente) ha conosciuto società disparitarie, gerarchiche, a differenza di ciò che, ancora oggi, accade, ad esempio, presso delle società tribali comunitarie dell'Africa nera. L'occidente non abbandonerà mai tale suo modo d'essere politico-sociale. Da tempi lontanissimi esse risultano tripartite in un'aristocrazia di dominatori, in un ceto intermedio, in una casta di oppressi. Capitalismo e fascismo hanno in comune la facoltà di perpetuarsi grazie all'intoccabilità dei ceti dominanti e grazie al, più o meno relativo, livello di benessere del ceto medio, opprimendo la più o meno ampia minoranza di una classe disagiata. Il mondo romano è durato a lungo grazie all'avanzamento tecnologico (apportatore di ricchezza e benessere per via del più ottimale sfruttamento di ogni risorsa), oltre che all'applicazione dell'anzidetto modello politico tripartito.

Se questo è un modo tradizionale di fare politica, grandi personaggi quali Lenin e Stalin sono stati condotti dagli eventi, progressivamente, a riaccostarsi ai suddetti principi tradizionali della politica.

Se il controllo statale dell'industria pesante (con Stalin tale controllo si estendeva anche all'industria leggera), garantisce l'assenza di voracità da parte di coloro che la guidano, se alla classe dirigente politico-burocratica viene impedito (perlomeno il più possibile) di arraffare (e la lunga durata del blocco sovietico fa concludere che di tali fenomeni di deterioramento sociale non ve ne furono, o furono assai limitati), più beni andranno nelle mani di un ceto medio e minuto. Per tenere in piedi una società è sempre e inevitabilmente necessario creare delle disparità tra il primo e l'ultimo dei due ceti anzidetti. Ma tale disparità, nel socialismo reale, è contenuta, in modo tale da accontentare (magari, per alcuni, anche in modo molto essenziale), se non tutti, perlomeno il maggior numero di persone. E nell'ipotesi della realizzazione del socialismo mondiale (che coinciderebbe con la nascita del comunismo), gli scambi, a livello planetario, di beni e risorse, eliminerebbero del tutto condizioni di marcato e insostenibile disagio.

Una società socialista non può prescindere da un'adeguata propaganda quale indispensabile collante sociale. Premesso che non si può prescindere dal conferire privilegi alla classe dirigente politico-economica-burocratica (ogni burocrazia socialista, fra l'altro, non è mai stata né inutile né parassitaria), per creare coesione sociale è necessario proporre un certo tipo di modello comportamentale, un certo modo d'essere. Attualmente in occidente si sta sempre più diffondendo un'indecente permissivismo. Suicidi assistiti, aborti procurati con estrema facilità, tolleranza verso l'uso di droghe e l'abuso di alcol, comportamenti incivili e indecorosi, inadeguata penalizzazione di ogni tipo di reato, adozioni gay, pornografia perversamente feticista e propinata a ragazzini quattordicenni, prostituzione, aumento e tolleranza di fenomeni sessuali quali la bisessualità e il transessualismo. Ora, se tutto ciò non costituisce un male in sé, socialmente risulta molto pericoloso, in quanto produce orde di cittadini famelici e incontentabili, che porteranno il mondo ad uno stallo anarchico, alla distruzione dello Stato. Se in occidente l'ideale comunista è stato in tal modo annientato (non credo potrà mai più ripullulare), i paesi del terzo mondo o comunque poco abbienti e il mondo islamico, ancora integri moralmente, potrebbero approfittare della decadenza occidentale per acquisire potere. La relativamente recente presa del potere da parte dell'ora defunto Chávez (sebbene non sia stato un comunista) e ciò che si è da poco politicamente verificato nelle Filippine, lasciano ben sperare circa un futuro a grande diffusione socialista.

Bisognerebbe creare una moda il più possibile austera e virile, contenitiva se si vuole, ovvero volta alla misura (e non all'eccesso). E di mera moda si tratterebbe. Ovvero un'ipocrisia di superficie o di fondo caratterizzerà colui sul quale tale moda farà presa. Dovrà desiderare comprare, ad esempio, un fucile da caccia piuttosto che un capo firmato. A tanto, in passato, è stato inoltre maggiormente funzionale il realismo socialista (in quanto comprensibile da parte delle masse) piuttosto che il costruttivismo. E delle severe leggi andranno a produrre e a rafforzare il comportamento civile di ogni cittadino.

Se lo Stato contravverrà alla sue funzioni di regolamentazione sociale, se verrà meno uno stato di diritto, il cittadino insorgerà spontaneamente, senza che nessuno glielo imponga. È bene allora che si conformi ai dettami rivoluzionari del marxismo-leninismo e non ai principi del socialismo laburista, del trotskismo, dell'anarchismo ecc.

La convivenza sociale vuole che il cittadino non sia sveglio, non conosca la verità, che è socialmente pericolosa. Per questo và proibito l'uso delle droghe e limitato l'uso dell'alcol (essendo sostanze che espandono la coscienza e dunque disinibiscono). È bene lavorare, se non otto, almeno per sette ore. La stanchezza fa in modo che ci si limiti nell'arrecare danno. E il dovuto riposo consente di ricaricarsi anche moralmente.

Tale modello comportamentale costituirebbe inoltre un antidoto verso eventuali abusi di potere, che tutt'al'più si manifesterebbero in forme più blande, o comunque più giustificate, rispetto agli abusi commessi nel mondo capitalista o nei regimi fascisti.

Se immaginiamo un mondo socialista sorge il problema di come distribuire le poche risorse alimentari mondiali rispetto al gran numero di persone che popolano la terra. Una politica di controllo delle nascite e la lotta allo spreco si imporrebbero necessariamente.

Concludendo, lo scenario futuro (l'umanità vi dovrebbe dunque – compatta – sperare) da me delineato, non risulta troppo angusto e rigidamente severo? A parte il fatto che l'uomo può vivere felice (che lo ammetta o meno) nelle condizioni da me descritte, si fissi nella mente che in questa aspra e terribile selva che è il mondo non si può troppo pretendere di fare la bella vita. Perlomeno se ci si pone il problema di come la maggior parte dell'umanità possa vivere decentemente. Infine, nel caso in cui la politica non sia in grado di fare il bene di tutti, non resta che sperare che vi sia la più alta probabilità che ad una persona (che potrei essere io stesso) non capiti il peggio.

LA GIUSTA VIA

In questa sede parlerò di come le cose siano cambiate in Unione Sovietica nel passaggio dalla sua guida da parte di Stalin a quella di Krusciov. Farò in particolare riferimento al lato propagandistico ed educativo del modo di fare politica ai tempi della Russia comunista.

In essa educazione e propaganda da inculcare al popolo erano costituite da tre espressioni culturali: il materialismo, una morale analoga a quella cristiana, un aspetto essenziale dell'ebraismo delle origini (biblico).

Il materialismo in concreto significava che un uomo non può che pensare egoisticamente a se stesso se ha dei bisogni. E più ne ha, più sarà egoista. Nella misura in cui supera le sue personali esigenze diverrà sempre più altruista. Certamente ciò non sarebbe, se non avesse ricevuto un'educazione non borghese. Il borghese è difatti antisociale anche se abbiente. Se il lavoro non consente di appagare completamente sia i miei bisogni primari che secondari (costituiti da svaghi e consumi) non potrò essere massimamente solidale. Inoltre l'esigenza di faticare, lavorando parecchie ore, per guadagnare, farà in modo che non possa dedicare del tempo agli altri (alla famiglia e agli amici). L'esigenza egoistica del guadagno sarà prioritaria rispetto alle mie esigenze sociali. Quando, nel comunismo, si lavoreranno poche ore (soprattutto per una questione di dignità) e ogni mio tipo di bisogno sarà ben appagato mi potrò prodigare per (ad esempio) far emancipare un paese povero, finanziandolo con quanto non mi è necessario, con quanto non mi serve.

Ma il materialismo è importante anche per le sue ripercussioni sul piano della legalità. La sua indiscutibile oggettività si lega all'inviolabilità dei principi sociali. In Russia, per intenderci, l'omicida non l'avrebbe fatta franca per via di cavilli legali e grazie ad un avvocato cinicamente furbo e costoso.

Infine il materialismo libera la mente dell'uomo dalle tante concezioni (per lo più sciocchezze), magari religiose (se non addirittura superstiziose), che possono fuorviarlo creando confusione sociale. È curioso l'aneddoto secondo cui Stalin avrebbe frequentato Gurdjieff. Da costui avrebbe appreso la sua mistica materialista volta a creare negli uomini, perlomeno una buona dose, di senso di realtà.

Insomma, nella Russia sovietica la convivenza civile fra gli uomini, ovvero lo stato di diritto, costituiva un principio indiscutibile e dunque irrinunciabile. In nome di esso la critica, l'opinione, ovvero le svariate e smodate fantasie umane, erano giustamente respinte in nome del più serio e grave problema della vivibilità della vita di ognuno. La perversa individualità veniva respinta, non essendo vista come una buona cosa.

In comune con il cristianesimo il popolo sovietico esprimeva una Humanitas fraternamente universale, sul tipo di quella oggi propugnata da Papa Francesco, come anche da Wojtyla negli ultimi suoi anni. Il concetto di internazionalismo sovietico si fondava proprio su tale concezione. Prima che propagandare tale idea, credo che le più calorose famiglie russe educassero amorevolmente e in modo, per così dire, pulito i propri bambini.

Dal punto di vista più propriamente propagandistico l'uomo comune (ovvero la maggior parte degli uomini) non vogliono percepire se stessi come meschinamente egoisti, ma vogliono ritenersi sinceramente altruisti, disinteressati (tale cosa, fra l'altro, caratterizza il cristianesimo, ma non l'ebraismo). Gli piace credere nei sentimenti, nell'amicizia e nell'amore genuini.

Se un concetto, sia pure egoistico, di universalistica fratellanza tra gli uomini emerge nella Bibbia, l'ebreo non tollerava per nulla il peccatore, punendolo severamente per i suoi misfatti. Un atteggiamento assai simile era seguito da Stalin. Con l'avvento di Krusciov, purtroppo, l'Unione Sovietica si occidentalizzerà, si liberalizzerà, sotto vari aspetti. Tra di essi vi era quello di non più sanzionare penalmente (o magari anche amministrativamente) chi deviava dall'ortodossia sovietica, ma di fargli una specie di (in fondo inutile) lavaggio del cervello. Ciò, oltre che instupidire (ma solo temporaneamente) la persona rieducata, non sortiva alcun effetto. Sbaglia chi crede che Stalin sia stato un uomo cattivo. Da persona intelligente sapeva quando era necessario punire. L'americanizzato (per così dire) Krusciov, usando meno la ragione e fidandosi maggiormente delle sue emozioni, scorgeva nella severità di Stalin degli eccessi, per poi magari scatenarsi con stupida crudeltà nei confronti degli ungheresi insorti sotto la sua reggenza (sebbene ritengo che la repressione del 1956 sia stata necessaria).

Infine il popolo ha l'esigenza di scaricare la pressione che vive nel presente (sebbene sia, in realtà, inesistente). È dunque necessario fargli prospettare un futuro radioso (il comunismo). E soprattutto con Stalin (meno con Krusciov) si concretizzò l'idea di un progressivo, entusiasmante, sviluppo in direzione del comunismo. Ma solo i suoi metodi hanno permesso ciò. Ritengo, fra l'altro, che il livello di benessere raggiunto in Russia negli anni trenta fosse maggiore rispetto a quello caratterizzante molte altre parti del mondo. Certamente non mancarono fasi di arresto e di retrocessione. Tuttavia ciò fu dovuto all'antagonista capitalista e fascista. Senza di essi organizzare una politica di tipo socialista risulterebbe assai agevole e lineare. Essa consiste infatti soprattutto nell'amministrare, ovvero nel produrre e ridistribuire. Tutt'al'più nell'adeguare, senza eccessive difficoltà, l'offerta ad una domanda piuttosto uniforme.

Concludendo, da moderato personalmente mi accontento di vivere nel mio paese sperando che, prima o poi, una vera sinistra verrà incontro alle mie esigenze (principalmente attraverso la creazione di posti di lavoro). Se invece ogni singolo uomo decidesse di emanciparsi politicamente dovrebbe affidarsi a personaggi come Stalin. Avrebbe in tal modo scelto la giusta via politica da seguire.

ELOGIO E CRITICA DI UN ASPETTO ESSENZIALE DEL PENSIERO DI GRAMSCI

Dai *Quaderni del carcere* di Antonio Gramsci emerge quello che è forse il motivo più caratterizzante della sua personale filosofia marxista, legato all'importanza che riveste la cultura nel mantenere lo status quo, oppure nel cambiare la storia.

Mi sembra che l'intellettuale sardo distingua tre classi di potere: una classe dominante (detiene il potere economico), una classe dirigente (i politici, asserviti alla classe dominante), una classe egemone (controlla la cultura ed è una funzione della classe dominante).

Nonostante l'eccessivo idealismo insito nel suo pensiero, la sua positiva valutazione (perlomeno parziale) della tradizione popolare, costituisce qualcosa di molto importante ai fini di un possibile mutamento sociale in direzione del socialismo. Gramsci si è acutamente accorto del fatto che la cultura delle classi subalterne, se ben radicata in esse, costituisce un potente antidoto al loro imborghesimento, ovvero alla loro trasformazione in sradicati egoisti.

Ma la cultura popolare presenta anche degli aspetti negativi. Per fare un banale esempio, la positiva umanità dell'oppresso può essere troppo esasperata, per cui non insorge verso il suo oppressore in quanto un prete gli ha detto che, se farà ciò, andrà all'inferno. In questo Gramsci è troppo idealista. Per via di un acuto disagio il popolo non resta a guardare, ma fa uso della violenza contro chi lo opprime. Certamente è poi compito dell'intellettuale indicargli con precisione chi è il vero e più importante nemico da combattere.

Concludo queste mie brevissime notazioni con una mia personale riflessione relativa all'impossibilità di un mutamento storico-politico laddove sono presenti delle strutture assistenziali. Caritas e dormitori possono spingere chi si è venuto a trovare nel disagio ad accontentarsi in modo inetto di quanto gli viene in tal modo gratuitamente offerto. Così come, se è un tipo che non si accontenta, può essere spinto a rompere la vetrina di un negozio e rubare dei biscotti. La diversa reazione al disagio credo che vari da popolo a popolo. Ma in un paese, ad esempio, del terzo modo, il radicamento culturale e l'estrema povertà sono condizioni (sia pure non sufficienti) di un mutamento rivoluzionario.

L'articolo appena concluso è stato pubblicato il giorno 22 agosto 2016 su www.nonsoloparole.com

IL LENINISMO DI MAO

In questo articolo intendo parlare sinteticamente della linea politica rivoluzionaria seguita da Mao Zedong fino al 1949, anno dell'unificazione dell'intera Cina, a partire da allora denominata Repubblica Popolare Cinese.

Con la fine dell'ultima dinastia imperiale cinese, la dinastia manciuriana Quing, dopo l'effimera democrazia fondata da Sun Yat-sen, leader del Kuomintang, la Cina vivrà un lungo periodo di anarchia militare in cui i signori della guerra, appoggiati dai ricchi latifondisti assieme alle compagnie straniere (controllavano il grosso dei commerci e dell'industria presente in Cina), si contendevano il dominio dell'intera nazione orientale.

Quando Chiang Kai-shek assumerà la guida del KMT, il partito nazionalista cinese diverrà una feroce arma rivolta contro i comunisti, favorevole ai latifondisti.

Terminata la seconda guerra mondiale, a partire dunque dal 1945, KMT e PCC sciolgono la loro temporanea alleanza in funzione antinipponica per riprendere a combattere tra loro nella guerra civile. A Yalta a Stalin era stato imposto di non intervenire a favore dei comunisti cinesi contro il suo vecchio alleato, comunque anticolonialista, Chiang.

Ma vediamo se possiamo cogliere dei tratti leninisti nell'operato di Mao. Vi è da ritenere che, per essenza, il leninismo presenti le seguenti connotazioni.

Attivismo e decisionismo politico, cui consegue e si accompagna il non entrare a compromessi con altre e diverse forze politiche. La radicalità di una rivoluzione fatta da soli comunisti, compatti nel seguire le direttive di Mao, è quanto si è verificato nella Cina pre-comunista. Se nel caso di Lenin la base (pena, ad esempio, l'espulsione dal partito) doveva seguire rigorosamente le sue direttive, direttive stabilite con gli altri capi del partito, ma sulla base dei ragionamenti persuasivi del grande leader bolscevico, nel caso di Mao, le sue capacità dirigiste, dipesero dalla sua forza di persuasione morale. Un ulteriore ed ultimo elemento leninista fu quello legato all'idea di una via nazionale, sia al socialismo che alla rivoluzione (in questa sede mi occuperò unicamente di quest'ultimo aspetto). Sebbene anche la Russia pre-rivoluzionaria sia stata una nazione prevalentemente agraria (o meglio, contadina), i fatti rivoluzionari si svolsero, in Cina, in modo assai diverso rispetto a ciò che si verificò in Russia (dove la rivoluzione fu un colpo di stato). Nella grande nazione orientale i protagonisti, i fautori, della rivoluzione furono i tantissimi contadini che la popolavano. Vediamo dunque come Mao fece presa su di essi, estranei tradizionalmente ad ogni influenza ideologica e dunque caratterizzati da esigenze molto pratiche e immediate (a breve termine, per così dire).

Lasciamo da parte il controverso e ambiguo giudizio che Mao forniva della religiosità popolare cinese (costituita, credo, dal confucianesimo). Se il leader comunista cinese respingeva la religione dei contadini, accoglieva la loro sensibilità umana (derivante da essa), vedeva di buon occhio la loro spiritualità.

La religiosità popolare di ogni parte del mondo presenta sempre e ovunque tratti umanistici, sentimentali. Ritengo che un uomo possa avere due tipi di conformazione. Se è persona di sentimenti sarà più o meno portata a comportarsi civilmente con i suoi simili e le sue brame tenderanno ad essere contenute. O si è così, o si è degli egoisti (dei borghesi nel senso più proprio) che pensano solo a se stessi. La pratica dei sentimenti consente (in misura maggiore o minore, variando da soggetto a soggetto), di tenere un po' a bada il fondo perverso che caratterizza (in misura maggiore o minore) ogni essere umano. Gli animali non ne dispongono. Incorrotti, non possiedono tuttavia dei sentimenti umani. Se la madre si astiene dal molestare il cucciolo fa ciò poiché, in caso contrario, proverebbe un senso di sessuale ripulsa.

Ora, se sul contadino non fa leva la persuasione ideologica, su di esso fa leva la persuasione religiosa. Il contadino è apolitico, ma ovunque, in passato, elogiava la bontà e la santità del suo sovrano (in quanto non lo conosceva realmente per ciò che era). Ebbene Mao presentava tratti di antica regalità. Con la differenza che egli manteneva i suoi buoni propositi (quantomeno durante la rivoluzione). E così l'Armata Rossa cinese si comportava educatamente e gentilmente con chi ospitava i suoi componenti. Nel corso della rivoluzione Mao espropriò le terre dei latifondisti sconfitti assegnandole ai tanti contadini cinesi (ed era tutto ciò che, pragmaticamente, desideravano. Mao seguì una linea politica affine a quella dei populisti e poi dei socialrivoluzionari russi).

Insomma il popolo vedeva in Mao un vero e proprio uomo della provvidenza, se non addirittura una sorta di divino monarca. I contadini (la stragrande maggioranza, dunque, della popolazione cinese) fu compatta nel sostenere con estrema fedeltà il suo carismatico capo. E di fronte a tale ingente compattezza di popolo non c'era esercito, per quanto militarmente tecnologico e ben finanziato, come quello di Chiang, che vi potesse tener testa. Inoltre all'onorabilità dell'Armata Rossa i nazionalisti rispondevano con la più stupida crudeltà (esercitata anche verso il popolo). Se pensiamo, ad esempio, agli attuali poteri forti occidentali non possiamo non concludere che ferocia (specie se gratuita) e stoltezza intellettuale vadano sempre a braccetto.

L'ANTI-DUMÉZIL

Prendendo spunto da *L'ideologia tripartita degli Indoeuropei* di Georges Dumézil, testo propedeutico allo studio delle sue concezioni relative ad un'antica fase storica delle civiltà europee, ho maturato delle mie personali riflessioni sui tratti più essenziali di tali tipi di civiltà.

Per comodità espositiva farò unicamente riferimento alla società indiana rgvedica e post-rgvedica (lo studioso francese nel suddetto libro fa riferimento ai vari popoli indoeuropei). Questa era costituita da quattro classi chiuse (la mobilità sociale era rigorosamente e severamente proibita): i brāhmaṇa (l'aristocrazia sacerdotale), gli kṣatriya (l'aristocrazia guerriera), i vaiśya (ceto di allevatori e agricoltori abbienti, artigianale-industriale, dedito al commercio). Infine vi erano i śūdra (contadini e pastori). Dumézil ci informa che quest'ultima casta non era composta da arya, ma dalla popolazione autoctona indiana (aggiungerei australoide) sottomessa dagli arya. Al vertice delle quattro caste vi era il rājan, il re.

In questo saggio intendo soprattutto respingere il valore positivo che lo studioso parigino attribuisce alle società indoeuropee, rovesciando completamente quanto da egli sostenuto circa il buon funzionamento politico di tali società.

A parere di autorevoli storici gli arya, intorno al 2000 a. C. , avrebbero abbandonato le steppe russe per invadere l'India. A mio parere, nella fase ṛgvedica della loro storia (ovvero, quando abitavano le steppe), i vaiśya costituivano la classe subalterna (e, assai probabilmente, di origine non-indoeuropea) della loro società, essendo sottomessi ai loro dominatori indoari (nel senso, dunque, più proprio del termine). È mia opinione che il vocabolo 'vaiśya' abbia come radice un lessema indicante servitù, subordinazione. Ceto di umili pastori, è soprattutto la loro crescita a poter aver determinato la necessità da parte degli arya di invadere nuovi popoli per assecondarne le esigenze (onde evitare un'esplosione sociale).

Mi rendo conto che il seguente schema può essere un po' astratto, tuttavia l'assoggettamento delle popolazioni veddoidi (anche contadine) residenti in India avrebbe determinato la crescita del livello di vita dei vaiśya.

Ma vediamo come era organizzata politicamente la società indoaria.

Se ogni possedimento (terre e pascoli) erano pubblico demanio, tra ogni casta vigeva un rapporto di puro vassallaggio.

Tutto era di proprietà del re. Agli aristocratici che lo avevano servito (in guerra o che si erano comportati bene con lui), assegnava territori con poderi e pascoli di cui usufruire. Costoro mettevano a loro volta appezzamenti e distese a disposizione dei vaiśya (immagino venissero compensati sia in natura che con bestiame che diveniva di loro proprietà), i quali si servivano dei śūdra quale loro manovalanza. Mercanteggiando (scambiando i loro beni, anche artigianali-industriali, ovvero facendo degli affari), potevano arricchirsi ulteriormente, a discapito di altri vaiśya, i quali, ritengo, potevano addirittura venire degradati a śūdra.

La chiusura delle caste impediva che la terza classe sociale potesse innalzarsi a tal punto da subentrare nell'aristocrazia. Quest'ultima era in tal modo rigidamente protetta nei suoi interessi.

Se i vaiśya costituivano la maggioranza (benestante) della popolazione, verso i śūdra ci si poteva consentire ogni abuso (al pari, ad esempio, di ciò che accade odiernamente ai palestinesi, piuttosto che ai curdi risiedenti in Turchia).

Veniamo ora alle funzioni politiche o sociali svolte dai primi due gruppi e dal re, nonché alla caratterizzazione psicologica e sociologica di ogni casta.

41

Eccettuato il sopra-casta, che già a quei tempi poteva presentare tratti ascetici, ovvero l'uomo spirituale, l'uomo che non crede nella realtà, gli uomini restanti dell'intera società mostravano un identico modo d'essere stupidamente egoistico, irragionevole.

Per quel che riguarda lo yogin (che forse in origine non designava un puro asceta, non essendo dedito ad alcuna pratica spirituale), poteva essere un tipo antropologico assai vicino a quegli indoeuropei che più a lungo hanno conservato la loro purezza originaria, ovvero ai germani. In quanto spirituali potevano fare a meno di riflettere. Ora, l'uomo, rispetto all'animale, dispone della capacità di auto-addomesticarsi. Ma, se è forte spiritualmente, non avrà bisogno di rendersi tale. Nelle sue sensazioni e nei suoi atteggiamenti prettamente impulsivi, istintuali, sarà sempre volitivo. Ma sarà volitivo, attivo, anche nell'eventualità che la sorte gli farà subire delle sciagure (e di ogni tipo).

Per quel che riguarda invece la caratterizzazione psicologica del re, ecco in cosa sarebbe consistita. Se l'alchimia, la magia, fu definita Ars Regia, essa ha conservato diversi tratti della più antica mentalità regale. Il re non finge. Non è neanche minimamente ipocrita e si trova per lo più a suo agio di fronte a tutto quanto l'esistente. Per il resto presenta tratti di (apparente) furbizia, tipici del vaiśya. Non gli sfugge del tutto il suo personale tornaconto.

Il brāhmaṇa crede di disporre (illudendosi) di una potenza sottile schiacciante. Solo sul re (in quanto indifferente a tutto e a tutti) non può nulla. Ma delle sue funzioni politiche ne parlerò più avanti (lo stesso farò per ogni altra tipologia sociale indoaria).

Lo kṢatriya è il guerriero (in quanto tale dissennato). Ma i membri di ogni casta presentano in realtà i suoi stessi tratti (re compreso). Il brāhmaṇa fa leva (ma apparentemente) soprattutto (se non addirittura unicamente) su costui.

Il vaiśya è il tipo più cinico e miscredente della gerarchia indoaria. Corrisponde al moderno borghese. È un'arrivista che pensa unicamente al proprio interesse (o meglio, si crede furbo, crede di tenere costantemente a sé, guardando continuamente al proprio vantaggio).

Il śūdra, infine, si crede buono. Più di ogni altro tipo sociale, disprezza l'esistente. Dalle sue atroci umiliazioni e frustrazioni deriva, per reazione, il suo insincero buon modo d'essere e di pensare. Ma i sentimenti che prova sono evanescenti, poiché, se li avesse, porrebbe fine alla sua travagliata condizione esistenziale. Di tutt'altra pasta è il vaiśya, al contrario pericolosamente eversivo.

La personalità dello kṣatriya si forma per reazione al vaiśya e al śūdra. Di quest'ultimo disprezza l'assenza di midollo e l'ipocrisia moralistica. Si crede duro, esecrando però anche il carattere ignobile del vaiśya. Si mette dunque in testa di essere coerente. Ovvero, si crede duro anche nei confronti di se stesso, crede di trattarsi con la medesima durezza con cui tratta gli altri. Quale – per così dire – risultante del disprezzo del vaiśya e del śūdra, sviluppa inoltre i valori dell'onore e della fedeltà. Il brāhmaṇa fa leva principalmente su questa sua debolezza. Se perde l'onore, o se si comporta da codardo, il sacerdote lo tormenterà psicologicamente fino a fargli perdere (ma solo superficialmente – non nel fondo) il senno. Nel re scorge invece un essere terribile, poiché su costui nulla fa presa. Tale insensibilità viene scambiata dal guerriero per forza sovrumana. Il re, di conseguenza, non ha fisime moralistiche. Fa tutto ciò che vuole. Il comportamento incomprensibile del monarca viene equivocato come un comportamento dalla logica trascendente, divina (il śūdra lo prende invece per un demonio che, per giunta, lo opprime). In realtà anche il re è un dissennato al pari del guerriero. Ma la suddetta sua vicinanza al vaiśya lo rende, direi accidentalmente, altrettanto furbo. Non credo ci sia mai stato un re che abbia perso la vita in battaglia. I re restano sempre nelle retrovie.

Il re è un parassita nullafacente. Tutto è di sua proprietà e in più impone delle tasse che nessuno (specie il borghese) gli deve. E opprime il popolo minuto.

In una società non moderna, non borghese, ci si arricchisce con le guerre. L'aristocrazia guerriera combatte e basta. Non investe e non sfrutta al massimo ciò di cui dispone. Ovvero è avversa al lavoro. Se brama più di ciò che ha, guerreggia e rapina.

L'aristocrazia sacerdotale è costituita dai ministri del re. Tra l'amministrare la giustizia (per tenere coesa la società) e il praticare riti magici (facendo

43

credere, soprattutto al guerriero, di esserne in grado), vi è una stretta connessione. Se l'aristocratico non si comporta onorevolmente, tradendo la sua fedeltà al sovrano, i sacerdoti lo suggestioneranno fino alla follia, mettendogli tutti contro e facendogli addirittura credere nella possibilità di stregarlo.

Nella misura in cui anche il vaiśya è superstizioso, prediligerà dei riti che lo favoriscano negli affari e che gli apportino abbondanza. Il śūdra, non disponendo né della moralità, né dell'intelligenza, né infine della potenza per porre fine alla sua condizione di schiavo, pregherà una qualche entità sovrannaturale affinché lo salvi.

È ovvio che l'organizzazione fino ad ora descritta non conduca a nulla. Il re ha in essa vita precaria. I suoi vassalli tendono con facilità a tradirlo (magari facendosi corrompere). Il lavaggio di cervello che eventualmente subiscono è come una bolla di sapone, destinata presto a scoppiare. E la borghesia, se insoddisfatta, insorge contro il re (si pensi al passaggio dalla Roma monarchica a quella repubblicana, ovvero all'emancipazione politica della plebe).

Ma in passato non sono mancati grandi monarchi che hanno saputo mantenere il loro dominio. Tra vari esempi di grandi re si può menzionare, ad esempio, Carlo Magno. Un re che poggia unicamente sul suo carisma ha vita breve. Per mantenere il potere gli è necessario foraggiare abbondantemente i suoi sottoposti, controllarli costantemente e punirli severamente qualora vengano meno ai patti (mi sto riferendo alla funzione dei missi dominici carolingii).

COMPLETAMENTO DI UN SAGGIO

Rileggendo un mio saggio su Julius Evola intitolato *Tre possibili letture evoliane*, liberamente consultabile sul sito della Fondazione Julius Evola (www.fondazionejuliusevola.it), alla sezione 'Contributi', nello spazio dedicato a 'Saggi ed articoli', ho voluto completarlo con delle considerazioni più accentuatamente politiche rispetto a quelle che ho svolte nella parte restante del saggio, che precede dunque la sua aggiunta, qui di seguito riportata.

Ma veniamo ad un discorso ancora più specificamente e accentuatamente politico.

Ritengo che, in politica, ci sia bisogno di politici ed elettori trasversali, portati entrambi al compromesso, a 'venirsi incontro' gli uni con gli altri.

Sulla base della convenienza, respingo con forza e in blocco tali cose: il tradizionalismo (quello con la 't' minuscola) di Evola, l'assetto socio-economico-politico del mondo pre-moderno, il capitalismo sfrenato, ogni fascismo.

Ora, per quel che riguarda Evola, il suo tradizionalismo è anche una bella e affascinante costruzione. Essendo, tuttavia, essenzialmente, nient'altro che oscurantismo, va interamente rifiutato. Colgo l'occasione per parlare di *Cavalcare la tigre*, in modo tale da essermi riferito (sia pure in modo assai sintetico), all'intera opera evoliana. Anche in tale contesto, non ha espresso i suoi più veri intendimenti, perlomeno teoretici. Con questo detto estremo orientale, afferma esplicitamente di non rivolgersi al tipo di lettore cui la suddetta opera è rivolta: "Non hai da cercare la liberazione dai vincoli, perché mai sei stato vincolato".

Per quel che riguarda i fascismi (quelli storici), credo abbiano presentato tali tratti essenziali: giungono in soccorso del capitalismo più sfrenato, talvolta smantellando la situazione di democraticità, di effettivo stato di diritto, prodottosi in un certo contesto. Ritengo inoltre che il fascismo non abbia escogitato nulla di nuovo, politicamente parlando, richiamandosi ad antiche società tripartite in aristocratici, in un ceto intermedio, e – pressoché – in schiavi, in oppressi. Scopo – di fatto – delle più antiche corporazioni, era quello di impedire che il ceto intermedio (mercantile e imprenditoriale), danneggiasse economicamente l'aristocrazia, riversando, di conseguenza, la sua azione nefasta soprattutto a danno del popolo minuto (quando, per così dire, non si esercitava al suo interno, per via della concorrenza). Analogamente, al giorno d'oggi, una società oppressiva nei confronti di una, pur ampia, minoranza di moderni schiavi, può perpetuarsi, a patto che vi sia una classe media che viva in un, più o meno relativo, benessere. Insomma, quando la 'maggioranza' se la passa bene, la società si mantiene in vita.

Vediamo quale sia, invece, a mio parere, il tipo di società da prediligere. Lo scenario, è altamente utopico, pressoché irrealizzabile. Consiste in società (a livello globale) anarco-capitalistiche, in cui una generalizzata eticità rende superflua persino la presenza di uno 'Stato minimo'. Uno Stato poliziesco vigilante, non assicura totalmente che i crimini possano non compiersi. L'educazione è in grado di produrre – perlomeno in linea di principio – una saldissima, inalterabile, situazione di civilizzazione.

In alternativa, vi è da preferire una (indefinitamente duratura) situazione internazionale di social-democrazia (però vera, non come quella degli odierni partiti social-democratici europei). Lo scenario è ancora non troppo probabile, quanto alla possibilità che un giorno possa offrirsi. Credo, tuttavia, vi si possa concretamente sperare. Inoltre, un tale, possibile, duraturo equilibrio, non è metafisicamente impossibile, poiché non contraddice i principi del divenire e degli indiscernibili.

Di fatto, tuttavia, al giorno d'oggi le cose sembrano dare ragione (ad esempio) a Cacciari (che è abilissimo politico). I suoi studi mantengono dunque alto valore. Per quel poco che ne sappia, prendiamo l'attuale situazione politico-economica nazionale. Forse, da poco più di un decennio, assistiamo, in Italia, ad una crisi di tipo nuovo. Credo sia perlomeno parzialmente dovuta al fatto che, non avendosi più i soldi per foraggiare le più grandi industrie nazionali, queste de-localizzano (non so – fra l'altro – se l'attuale, precario, assetto economico, lo si potesse prevedere prima del suo avvento).

Chiusa la parentesi, torniamo all'auspicato scenario suddetto. Una situazione di benessere generalizzato, ha eliminato il problema della fame nel mondo. Di fatto, una situazione di prosperità, non viene posta in discussione da nessuno. A quel punto è possibile consentirsi una liberalità politica, legata al diritto di voto e di propagandare idee, molto ampia. Si potrà tollerare persino il peggior razzista e guerrafondaio (è interessante il fatto che, negli Stati Uniti, ogni idea politica, persino il nazismo, venga tollerata). Poi, uno Stato che non teme più di venir messo in discussione, potrà senza problemi perseguire duramente, ad esempio, il poliziotto che ha commesso un crimine a sfondo razziale. Questi, sono solo alcuni degli aspetti positivi, che si possono immaginare nella suddetta possibile società futura internazionalista. In una tale società, la felicità d'ognuno, s'accompagna alla più ampia libertà (sono i regimi moderni ad essere tolleranti, non quelli pre-moderni).

Ora, io non vedo di buon'occhio la democrazia del voto. Nel consentire ad un liberista sfrenato, ultraconservatore o ultralibertario che sia, di governare, non ci trovo nulla di ragionevole. Tuttavia, se essa consente il passaggio alla realizzazione di un maggiore stato di diritto 'senza colpo ferire', in ciò ha certamente del buono. Bisogna vedere fino a che punto i 'poteri forti' consentano l'attuazione di una maggiore democrazia (si pensi ai fatti cileni).

Vediamo perché è da respingere politicamente l'universo della pre-modernità.

Ebbene, il criterio più ragionevole, meno arbitrario, quello in certo qual senso 'universale', per stabilire il valore di una merce, è il criterio del libero mercato – la legge della domanda e dell'offerta. In una compravendita tra due persone, il valore di scambio di una merce offerta da un venditore, corrisponde sempre al suo giusto e adeguato prezzo, in quanto non può che coincidere perfettamente con il suo valore d'uso. Il compratore attribuisce al prodotto che vuole comprare, un prezzo proporzionale al suo desiderio di averla e di disporne. Insomma, se una merce costa tanto, è perché vale tanto. Il capitalismo non è un gioco truccato. Il rapporto tra oppresso e oppressore, è lo stesso rapporto che intercorre tra due persone che giocano a carte. Se perdo al gioco, non posso poi lamentarmi con l'avversario per aver perso. E se rivendico il denaro perduto, sono io la persona arbitraria. L'etica serve a scongiurare, da parte del (cosiddetto) oppressore, che (il cosiddetto) oppresso, ad esempio, non gli tolga – in fondo, dunque, ingiustamente, o comunque arbitrariamente – la vita, riprendendosi ciò che non è del maltolto.

Il sensato criterio, non è quello di suddividere il mondo, volgarmente, in animali da fatica (o da stress mentale) e in arbitrari parassiti. Bensì quello di dividerlo in chi produce valori d'uso, e in arbitrari parassiti. Ovvero, la prostituta d'alto bordo è – in certo qual senso – più morale di Luigi XVI.

Nel mondo pre-moderno – di fatto – abbiamo invece dei sovrani parassitari e nullafacenti (o meglio, nulla-producenti – mi si passi l'espressione), che pretendono – dunque senza un perché – che gli vengano versati dei lauti tributi, servendosi dello Stato, ovvero dei propri scagnozzi.

Rispetto all'Evola oscurantista, non nascondo di avere simpatie (di semplici simpatie si tratta), americaniste (perlomeno per alcuni aspetti dell'americanismo) e anche comuniste (o meglio, nei confronti del socialismo reale. Sono portato, realisticamente, ad accettarlo. Inoltre, l'austerità che tale tipo di regime comporta, è ben sostenibile da parte dell'uomo, prescindendo da sue eventuali lamentele nei confronti di esso). Quest'ultimo è 'altro' (forse radicalmente) rispetto al comunismo teorizzato da Marx. Se entrambe le forme politiche – ritengo – aspirano all'attuazione della volontà di potenza, la pura dialettica anti-sintetica, che è forse alla base del marxismo ortodosso, fa in modo che, le due entità politiche, abbiano ben poco in comune. Non c'è contrasto tra liberismo e socialismo reale, che né è, anzi, l'integrazione eticizzatrice. Tanto che, il solo benessere che il comunismo storico è in grado di concepire, è quello capitalistico (la relativamente abbiente ex-Jugoslavia, era caratterizzata da maggiore benessere capitalistico, rispetto a quello che vigeva nei paesi ex-sovietici).

E ancora, posso simpatizzare per stati in cui vige un regime di moderata Sharia (non di certo per la barbara e cruenta Sharia saudita). Sul piano politico-morale, meglio del conservatorismo che, ad esempio, la follia del suicidio assistito vigente in Svizzera. Spesso, inoltre, i paesi islamici (contrariamente a quanto oggi viene propagandato), se ne stanno all'interno dei propri confini, senza infastidire nessuno. Ne apprezzo comunque, in primo luogo, la politica sociale.

Infine – al limite – potrei anche accettare di vivere in un ipotetico paese tradizionalista (o meglio, che coniughi modernità e tradizione). Credo che Jünger sia il sostenitore di una 'destra' (nel senso più proprio), per così dire, liberale (nel senso di 'non autoritaria'). È fautore di mutamenti da non imporre dall' 'alto', ma che devono partire dalla 'base'. Prendiamo l'imperialista America. Le figure che costui analizza nei suoi scritti, potrebbero rifondarla politicamente, rigenerandola. E così avremmo in essa, ad esempio, magistrati integerrimi, politici onesti, soldati che non commettono crimini di guerra (sebbene il mio pacifismo mi spinga a rifiutare quest'ultima, in ogni sua forma).

(Il saggio appena concluso comparirà anche in un mio libro di prossima uscita: U. Petrongari, *Saggi su alcuni filosofi moderni*, Aracne, in corso di stampa).

LA SENSATEZZA DEL LIBERALISMO

In questo brevissimo articolo intendo difendere gli aspetti caratterizzanti del liberalismo. Scopriremo come rispetto al socialismo, contrariamente a quanto si ritiene comunemente, sia esso l'unica dottrina politica, in certo qual senso, giusta.

La premessa è che l'uomo non sia capace di amore nei confronti degli altri, o comunque che non sia attaccato ad essi, riconoscendosi egoista.

Poniamo che qualcuno, faticando come Sisifo, abbia realizzato un certo prodotto che pretende di rifilarmi. Per quale motivo devo acquistarlo se non mi serve, se non me ne farò nulla? Se esistesse l'amore tutt'al'più potrei comprarlo per beneficenza. Remunerare qualcuno sulla base della quantità di lavoro da costui erogata è un criterio di retribuzione privo di senso. Se si è egoisti il solo criterio sensato di remunerazione sarà costituito dal valore d'uso d'un certo prodotto, ovvero dal fatto che lo si richiede. Gli si attribuirà un valore di scambio assolutamente adeguato al suo valore d'uso.

Se l'uomo fosse capace di atteggiamenti etici, questi sarebbero allora delinquenziali, prepotenti, da parte di chi li impone, timorosi da parte di chi vi obbedisce. L'etica, insomma, corrisponde ad un vero e proprio ricatto morale. Un regime puramente liberale premia le persone industriose e intelligenti e penalizza chi non usa il cervello. In linea di principio l'operaio, in un sistema simile, non riceve né più né meno di quanto gli spetta.

Ovviamente è con un liberismo puro che si deve avere a che fare. Ovvero non possono sorgere cartelli e lo stato non deve finanziare, in modo del tutto ingiustificato, le imprese (o alcune imprese). Si deve insomma fare in modo che a ognuno sia data la possibilità di emergere economicamente. E in tal modo il cittadino viene responsabilizzato. Sei un imprenditore che ha fallito? Vai al diavolo tu e i tuoi operai! Lo stato non deve assistere i bisognosi, ma deve limitarsi a difendere (e con assoluta intransigenza) la vita e la proprietà.

Si potrebbe poi pensare che rinunciare a parte del mio denaro per darlo allo stato mi potrebbe tornare utile in futuro. Di una sanità pubblica, ad esempio, ne potrei avere bisogno. Ebbene, se sono un bravo industriale potrò permettermi le migliori cure private grazie a quello che ho sacrosantamente guadagnato. E dal momento che il denaro da me onestamente prodotto costituisce la mia inviolabile proprietà, ne potrò disporre totalmente a mio piacimento. Se desidero lasciarlo in eredità al mio viziato figlio, non capisco perché non dovrei farlo.

Ora, in un'economia liberista, come si può fare in modo che ad ognuno sia data la possibilità di emergere economicamente, facendo magari in modo che si possa un giorno produrre una situazione di equità sociale? Nessuno mi impedisce di associarmi con altri operai, fondando magari una cooperativa, piuttosto che una banca popolare, in modo tale da tener testa ad un imprenditore abbiente.

Se la linea politica da me esposta risulta forse essere la più sensata, in pratica risulta utopica e irrealizzabile. Se applicassimo alla lettera i principi politici da me esposti, la società avrebbe vita assai precaria. E chi è quel santo che, in quanto inetto, se la passa male, non insorge contro le autorità (non rispettando la legalità) per raggiungere un livello dignitoso di vita? È per questo che sono, realisticamente, di sinistra, pur apprezzando alcuni aspetti del sistema politico statunitense.

L'articolo appena concluso è stato pubblicato il giorno 19 agosto 2016 su www.nonsoloparole.com

L'ATTUALISMO GENTILIANO SECONDO EVOLA

Conoscendo il pensiero di Giovanni Gentile soprattutto attraverso ciò che di esso ha compreso Julius Evola, cercherò di mostrarne alcuni aspetti essenziali.

Le opere filosofiche dello studioso romano possono venire considerate come attualiste. Il filosofo siciliano non ha invece elaborato un vero attualismo. Quando infatti Gentile parla di atto, fa notare Evola, non intende la più pura libertà ma una coazione, o comunque un patire che, in quanto tale, non lo si può volere. Ogni atto, puro o spurio che sia, coincide con un mutamento, con il cambiamento. Dati due istanti, se, ad esempio, un'impressione interna, collocata nel primo dei due istanti, nell'istante immediatamente successivo perde di intensità, anche ciò è un atto, un'azione (sia pure impura). Nel primo istante vi potrebbe poi essere un'energia potenziale, del tutto virtuale e non manifesta, che ha consentito l'atto, ovvero il mutamento (nella fattispecie dell'esempio, la perdita di intensità dell'impressione) nell'attimo seguente.

L'idea di Stato etico presso Gentile potrebbe instaurare un sistema politico (derivato interamente dalla sua filosofia, estremamente coerente con essa), a carattere sadico-paranoico (la parola 'paranoia' và intesa in senso deleuziano).

Gentile, da hegeliano, esalta i valori della modernità. L'utilità sociale è un valore nel momento in cui apporta egoisticamente, ma reciprocamente, dei benefici. Ma più in alto di essa c'è la ricchezza, in quanto con quest'ultima cessa ogni mutua e imposta cooperazione sociale (implicante una reciproca dipendenza tra i cooperanti).

Il sistema gentiliano mi sembra dia molto risalto al ruolo sociale. Il moderno concetto di identità, nella sua forma più generale, è costituito dalla causalità. Una forma più specifica di identità potrebbe invece essere materialmente rappresentata da uno zelante lavoratore.

Un'insopportabile senso del proprio livello sociale, alto o basso che sia, costituirebbe l'aspetto paranoico del pensiero politico-filosofico gentiliano. In esso il ruolo è qualcosa di rigido, di monolitico. Chi sta socialmente in basso, si senta pure un fallito, o comunque una nullità sociale! Chi sta in alto dovrà provare un analogo complesso rispetto a chi sta ancora più in alto. Al disagio sociale per ciò che si è, si accompagna il sardonico compiacimento al pensiero di chi è una nullità (perlomeno rispetto a noi). Quest'ultimo soffrirà psicologicamente per il suo (più o meno) basso rango che occupa.

Ma il sadismo riguarderebbe anche la sfera materiale. Lo Stato etico non sarebbe altro che la sadica imposizione di (più o meno) onerosi doveri a chi sta in basso da parte di chi è gerarchicamente superiore, il quale, a sua volta, subirà un medesimo trattamento da parte di chi lo sovrasta.

Ora, se, per così dire, puliamo, purifichiamo, l'atto, il tentativo da parte di qualcuno di nuocerci sia moralmente che materialmente si rivelerà del tutto futile. Il sadico-paranoico è demente per due motivi. Le imposizioni e il biasimo del suo capo lo frustrano, credendo di essere davvero frustrato. Crede dunque di essere necessitato a sfogare le sue frustrazioni. Le sfoga su chi gli è sottoposto, credendo che quest'ultimo resti da ciò davvero ferito. Infine, le suddette frustrazioni (onde contraddire il modo d'essere dell'atto gentiliano), non possono trovare del tutto sfogo, ma solo alleggerimento nel compimento di un gesto sadico.

L'UMANITÀ PER BAKUNIN: SENTIMENTO E GIOCO

Avendo letto l'appendice che compare alla fine di *Stato e anarchia* di Michail Bakunin, andrò brevemente a parlare delle impressioni che mi sono fatto circa il pensiero del rivoluzionario russo.

Ritengo che lo Stato contro cui Bakunin si scaglia vada inteso in senso esteso, comprendendo la politica, chi la orienta (i possidenti in genere), la burocrazia, infine il patriarcato.

Lo Stato costituirebbe un odioso meccanismo irrazionale e perverso teso a triturare l'uomo.

Industriali e proprietari terrieri, per tesaurizzare al massimo, forse con l'obbiettivo principale di appagare la loro incessante brama di (per giunta insoddisfacenti) consumi, sottopongono operai e contadini a ritmi lavorativi massacranti e a durissime fatiche. La politica legalizza tali spietati modi di produzione, opprimendo inoltre chiunque sia necessariamente spinto, in un modo o nell'altro, a contravvenire alle sue ingiuste leggi. Un insensato e snervante apparato burocratico condanna il cittadino a sprecare tediosamente del tempo nello sbrigare inutili pratiche. Infine l'uomo non trova quiete neanche in famiglia. Nella figura del padre-padrone ritrova un disgustoso despota che gli impone disagi simili a quelli elencati, innanzitutto attraverso la sua severissima opera di educazione.

All'uomo anarchico non resta da far altro che reagire con violenza ad una situazione siffatta, combattendo contro lo Stato (dunque, nelle sue varie espressioni). Si tratterebbe di far prevalere i più benevoli sentimenti contro il patriarcato e contro ogni ingiustizia sociale, di lavorare nel modo più sostenibile, di sostituire il gioco al consumismo (che rispetto a quest'ultimo risulta davvero gradevole). Questi sarebbero gli obbiettivi da raggiungere per mezzo della rivoluzione.

Eppure, quasi paradossalmente, ogni oppresso avrebbe appreso per Bakunin in cosa consiste sia il proprio bene che il bene degli altri, dalla sua millenaria condizione di misera subalternità sociale. E così, il mugik, avrebbe maturato la sua cultura popolare proprio all'interno del mir.

In conclusione svolgerò una personale considerazione circa il modo in cui affrontare (perlomeno in parte, laddove ciò sia sostenibile), i fenomeni negativi di cui ho parlato.

In realtà, la possibilità che qualcuno possa reprimerci, per lo più, non si offrirebbe. Non si tratterebbe inoltre di assecondare colui che ha tali malevoli intenti verso di noi, in modo tale da non dargli soddisfazione (dopo aver avvertito un reale o effettivo disagio nei confronti di quest'ultimo). Si tratta, per così dire, di 'non scendere in campo', di 'non prendere parte al gioco'. In tal modo non si sarebbe né 'vincitori', né 'sconfitti'.

INFORMAZIONI SULL'AUTORE

Sono nato a Rieti nel 1978. Mi sono laureato in filosofia presso l'Università degli Studi dell'Aquila. Ho pubblicato tre saggi per la casa editrice Aracne (Il pensiero negativo di Julius Evola e il suo oltrepassamento; Excalibur e la tradizione ermetico-alchemica; Operazionismo marxista. Un saggio critico su Lukács-Marx e Deleuze-Guattari). Sul web ho scritto diversi articoli e saggi di argomento filosofico e letterario.